中公新書 1564

田澤 耕著

物語 カタルーニャの歴史

増補版

知られざる地中海帝国の興亡

中央公論新社刊

まえがき

「世界で一番美しい村」とこの村を形容したカタルーニャ人の友人がいた。「美しい」基準はさまざまなので異を唱える人はいくらでもいるだろう。しかし、私を含めて、この村で夏を過ごしている人の多くにとって、これはとても素直に受け入れられることばだと思う。

私がこの一文を書いている山村は、バルセロナから北へ列車で約二時間行ったところにある。戸籍上の人口は約二百三十人だが、実際に村に住んでいるのはせいぜい百人といったところだろう。

それが夏になると、日本によく似たバルセロナの蒸し暑さを逃れて、この標高一二〇〇メートルの村に大勢の避暑客が登って来て、村はにぎわう。

今年の我々の宿舎は、フルランティーナの家だ。日本の基準で言えば、七十ぐらいの外見だが、多分、もっとずっと若いのではないか。山の上のホテルで長年下働きを続けて来たことが見かけの老いを早めたのだろう。

ホテルを定年で辞めるまで、彼女はカモシカを飼っていた。村よりもさらに標高の高いホテルで働いていた彼女のところに、親とはぐれた子カモシカが持ち込まれたらしい。それが合法なのか否かは、彼女の関心の外であった。

そのカモシカは、ホテルを辞めた彼女とともに村に下りて来たとたんに死んでしまった。今は、二匹の猫（そのうち一匹はなぜかラテン音楽歌手の名にちなんだ「リッキー・マーティン」というひどくモダンな名だ）と共に一人で暮らしている。

我々が借りている家は、それまでフルランティーナが住んでいた家を半分に区切り、改装したものだ。かつてカモシカが短期間飼われていた地階はガレージになっている。

村の家々の壁は石積み、屋根はリョザと呼ばれる平たい石葺《ぶ》きと決まっている。今では、避暑客の落とす金が主収入となった村の、景観保護の方策だ。おかげで、ピレネーの山腹にへばりついたようなこの村は、近隣の観光化した村にはない鄙《ひな》びた雰囲気がよく保たれている。

この村に関する最初の記録は八三九年にさかのぼる。カタルーニャの北部がイスラム教徒の統治を脱して間もないころ、ギフレー「毛むくじゃら伯」によって建設された二大修道院サン・ジュアン・ダ・ラス・アバデッサスとサンタ・マリア・ダ・リポイの支配下に置かれていたらしい。

ここで言う「支配」とは、放牧権のことである。この谷のあたりには良質の牧草地があり、ここで放牧できるか否かは、権力者の大きな関心事であった。牧畜こそが、当時のカタルーニャ北部の主要産業だったからである。この「支配」をめぐっては当然、確執があった。残されている係争関連文書には、「征服王」の名を冠せられた、かのジャウマ一世の名前まで見うけられるのである。

牧畜の中心地として重要性を増したこの村には、ついには、公証人役場の設置と、週一回の市《いち》および年一回の特別市《いち》の開催という特権が与えられるにいたった。司法と経済の地方センターの役割を担うことになったのである。

村の入口近くには、相当見事な城壁の跡が残っている。もっとも、城とは言っても、現在の村に似つかわしく小振りだ。かつての（慎《つつ》ましい）繁栄の名残りと見るのが妥当なのだろうが、不思議なことに、ほとんど記録が残っていない。

さて、村の暮らしである。

夏に村に登って来る人たちの生活信条は、一口に言えば「何もしない」、つまり生産的なことは何もしない、ということに尽きる。陽《ひ》が相当高くなってからベッドを抜け出し、朝食用のパンと新聞を買いに行く。（山村にもかかわらず、毎朝焼き立てのパンが届くのはさすがだ。地中海文明においては「昨日のパン」など「昨日の新聞」同様に無価値なのだ。）午前中は、陽射《ひざ》しが強ければ、谷間の川へ水浴に行くし、さもなくば散歩が相場。スペインの昼食はただでさえ、二時ごろと遅いが、ここではそれが一時間、二時間は平気で遅くなる。村人が片手間で作る野菜を使ったサラダ、地元の肉屋手製の腸詰めを炒《いた》めたもの、デザートには、これもこの谷間でできたヨーグルトやチーズ、といったところが定番のメニューだ。（なにしろ、この村のチーズは、中世にすでに有名で、王侯貴族の御用達《ごようたし》だったのである。）ワインは地元ではできないので、もっと南のパナデスやプリウラットのものとなる。

食事の長さも半端ではない。気心の知れた友人が集まれば、二時間、三時間かかることはざらだ。その間、終始、話し通しだ。天気、政治、芸能、友人の噂《うわさ》、話題は何でもよい。皆が、あたかも話すことが存在証明であるかのごとく、時間を奪いあって声高に話しつづける。いいかげん皆が疲れたころには、もう夕方、六時、七時だ。しかし、六時や七時が「夕方」だという感覚は日本のものであって、彼らには、遅めの「午後」のはじまりにすぎない。長い夜に備えて昼寝をする者、腹ごなしの散歩に出る者、まだまだ先は長い。

十時過ぎに軽い夕食をとった後は、再びそぞろ歩きに。夏とはいえ、セーターが要るほど涼しい。皆の足は自然に村に二軒あるバル（居酒屋兼カフェ）へと向かっていく。夜中の二時、三時まで続く、とりとめのない雄弁大会第二ラウンドの開始だ。

ヨーロッパのバカンスと日本のバカンスを比べるときに見落としがちなのが、避暑地における共同体の存在の有無であると思う。よく日本人は貧乏性で、たとえ一ヵ月の休暇を与えられても、何もせずに休養することなどできない、と言われる。しかし、問題は性分ではないのではないか。ヨーロッパ人とて、なんの個人的人間関係のないホテルに一ヵ月放っておかれたら、手持ち無沙汰で困ってしまうだろう。

「共同体」である以上、当然、嫌なこと、困ったこともある。この村のモイ一家はその好例だ。モイ一家は、村に二軒あるバルのうちの一軒と、やはり二軒ある食品・雑貨店のうちの一軒を経営している。老夫婦とその息子夫婦、十歳の孫という構成のこの一家は、おそらく昔話の悪役として登場しても、およそリアリティーを持ち得ないほどに強欲、陰険なのである。ともかく、避暑客が自分の店の客でないことが我慢ならない。狭い村で敵意をむき出しにされるうっとうしさに、ハエが乱舞するその不潔な店で、なにがしかの買い物をせざるを得ないハメに誰もがなる。

もう一軒のバルが、店主の人柄の良さもあって繁盛していることに我慢ならないモイ一家が、幾晩にもわたり、人々が寝静まるのを待って、ポリ容器に小便をたっぷりと入れて持っていき、店の前に撒《ま》き散らしたことさえあったのだ。

彼らは、こうして貯《た》め込んだ銭をどうするかというと、せっせと村の地所を買うことに費やすのである。いずれは、村の不動産王となることを目指しているのだろう。

当然、村人や別荘の持ち主との間で紛争が絶えない。しかし暴力に訴えることは今のところ彼らの戦法ではない。ひたすら嫌がらせに励むのだ。相手が音を上げるまで。彼らと地所の境界争いをしている我々の友人は、ある朝、起きてみて、自宅の裏口に板が打ちつけられて塞がれているのを発見して唖然《あぜん》としてしまった。もちろん彼らは知らぬ存ぜぬの一点張りだ。

「避暑」、「別荘」というと何か縁遠いものに思えるかもしれない。しかし、それは日本の現実を元にした印象にすぎず、ヨーロッパの現実とはかけ離れている。ヨーロッパでは中流以上の人ならば、誰もが一ヵ月の避暑に出かけるし、一ヵ月にもわたる休暇をもっとも経済的に過ごす方法は「別荘」を確保して、一ヵ所にとどまっていることなのだ。(現に、我々が暮らしている家は家族四人が快適に暮らせるスペースがあって家賃は月わずか十万円足らずだ。）

もちろん「別荘」にもピンからキリまである。広大な芝生に囲まれた豪邸が建ち並ぶ場所もあるにはあるが、この村の場合は、大部分が我が家同様の慎ましいサイズだ。つまり、「避暑」期間の「別荘」社会にも、通常の社会同様の階層があるわけだ。

さて、ずいぶん長々と、本書とは一見関係のないようなことを書き連ねてきたが、私が言いたかったのは、まさに、その一見無関係な現実が、本書の重要な舞台の一つである北部カタルーニャのピレネー山中で営まれているのだということだ。

カタルーニャ、あるいはバルセロナと言うと地中海を思い浮かべる人が少なくないのではないだろうか。事実、その歴史の多くの部分は、これから見るように、地中海で展開されて来た。しかし、カタルーニャ人、カタルーニャ文化の起源はピレネーの懐にある、というのが、実は定説なのである。もっともカタルーニャ的なものは、今も、内陸、山間部にある。

その意味では、この村で我々と共に生活している人々は、バルセロナから上ってきた人も、村人も、千年以上も前にこのあたりに住んでいた人々の子孫なのだ。

わが家主のフルランティーナがカモシカを飼っていたこと、村の鼻つまみモイ一家の悪行の数々、パウが失職して休暇明けには失業保険に頼らねばならぬこと、長年村のレストランとして親しまれてきた「フォンダ」のマリが死んだこと、今年もまたマリアがへたくそな絵の展覧会をはじめたこと……これら日常のすべての雑事は、過去から現在へと途切れることなくつながっているカタルーニャ史のまぎれもない一部なのだ。

正真正銘のカタルーニャ史の舞台の地で正真正銘のカタルーニャ人の子孫たちに囲まれて、この本のまえがきを書くことができるという機会に恵まれた幸運をしみじみと感じている。もっとも古い部分は十世紀に作られたらしい、村のロマネスク様式の教会の鐘の音が聞こえてきた。十一時だ。

今や観光を業としながらも、過度の観光化を嫌う村人たちのたっての願いでこの村の名は伏せたまま筆をおくことにしたい。

二〇〇〇年八月
ピレネー山中の村にて

著者

増補版へのまえがき

この本の初版が出てからおよそ十九年が経《た》った。幸いなことにじりじりと部数を伸ばし、このたび増補版を出せることになった。

元々初版はカタルーニャ中世の面白さに着眼して企画したものだっただけに、近代以降の歴史が大変手薄であった。その部分を補って一応、バランスのとれた「歴史」とすることができてとてもうれしい。

増補版を出版できることになったもう一つの理由は、最近、世界的にカタルーニャが注目されていることである。そう、二〇一四年ごろから現実味を帯びて来たカタルーニャの独立問題だ。たくさんの人が、なぜカタルーニャ人たちがスペインから独立したがっているのか、それを知りたいと思った。新聞などの解説で当面の政治問題や経済問題は比較的簡単にわかるのだが、もっと深く掘り下げようと思うとカタルーニャの歴史、とくに近代以降の歴史を知ることが不可欠となる。そしてそれはまさに、この増補版で補われる部分なのだ。

また、独立問題以前に「カタルーニャ」を日本で有名にしたのは「ガウディ」と「FCバルセロナ（バルサ）」だ。この天才建築家と世界的人気サッカー・チーム、どちらもこの本で補った時代と縁が深い。ガウディがどのような時代を生きたのか、バルサがどうやって誕生したのか、を知ることもファンの方々にとって興味のあることではないかと思う。

初版の「まえがき」では、私たち夫婦と息子二人が毎夏を過ごしたカタルーニャのピレネー山中の村についてずいぶん個人的なことを書いて中世の歴史への導入とした。

村と我々の縁はいまだに続いている。夏ごとに羊の糞だらけの道を走り回っていた二人の息子はすでに成人して独立していて、もう私たちと一緒に村に行くこともなくなった。村の中を羊の群れが横切ることも今はなく、うちの下の子のように糞の上に転んで泣きべそをかく子ももういない。

カモシカを飼っていたフルランティーナは、ある夏戻ってみると姿を消していた。「悪者」モイの嫌がらせを受けていたバルは閉店してしまった。我々の友人である店主は採算が取れないから、と言っていたが、本当のところはわからない。モイは、権利関係が複雑で誰も手を出さなかった、メインストリートに面した廃屋をどうにかして購入してプチホテルに改装した。ベランダの花の鉄細工があまりに安っぽく醜悪なのだが、誰も彼に面と向かって文句を言う人はいない。もちろん我々も。「村の不動産王」はますますお盛んだ。自然保護のために村には新たに建築可能な土地がほとんどなかったはずなのに、今や村のサイズは当時のほぼ倍である。村にはほかにも小悪人どもがいて法の抜け穴をみつけたらしい。

カタルーニャの独立問題も当然、この村の住人たちと無縁ではない。元々、バルセロナに比べると、フランス国境がすぐそこにあるこの村では、マドリードの中央政府を意識することがはるかに少なかった。自分たちの国籍がスペインだということはわかってはいるが、感覚的に自分がスペイン人だと思っている人はほとんどいない。彼らはあくまでカタルーニャ人なのだ。当然、カタルーニャ独立支持派が多い。歴代村長も村議会も独立支持派で、独立運動の盛りには、村の入り口には「カタルーニャ共和国……村」と正式の標識が立っていた（二〇一九年夏現在、以前は村外に向けて立てられていた標識が村内に向けられている）。そんな中、例のモイは、生え抜きの村民であるにもかかわらず、独立運動を強硬に弾圧した「国民党」の熱烈な支持者で、彼のバルでうかつに独立賛成などと言おうものなら叩《たた》き出されるそうだ。不動産と権力の密接な関係を熟知しているのかもしれない。

今、我々は村役場前の広場に面したアパートに住んでいる。「広場」とは名ばかりの、三十坪ほどの空間なのだが、平らな空間のほとんどないこの山村の住民にとっては貴重な存在だ。水曜ごとに海辺の村からやってくる魚屋のトラックはここで店を開く。村祭りやファーマーズ・マーケットの会場になり、夏の夜はオープン・シアターにもなる。そして何よりも、村の社交場兼子どもたちの運動場だ。毎夕、陽が陰るころに人々が集まって来ておしゃべりにふける。大きな子たちは、空気を抜き気味のサッカーボールを使って傍若無人にゲームに興じる。親に付き添われた小さい子は、それを食い入るように見つめている。ときどきお情けでボールを寄こしてもらうと、まだ歩くのもおぼつかない子が必死に蹴ろうとする。サッカー王国の原点を見る思いだ。子どもの親は、私たちが幼い息子二人を連れてこの村に来始めたころ、親に付き添われてこの広場で遊んでいた子たちだ。あの小さかったミケルが、ギリェが、マルタが……当時の彼らの面影が見て取れる子どもを遊ばせている。こうして代替わりとなり、それと共にカタルーニャの歴史も少しずつ、少しずつ先に進んで行く。

私たちもその片隅にささやかな場所を与えてもらって、それを眺めている。

最後に、初版への「まえがき」の勘違いをただしておく。十一時を告げる鐘は、教会の鐘ではなく、この村役場の鐘だった。今のアパートはちょうど鐘と同じ高さなので、昼夜を問わず十五分おきに鳴る鐘の音に悩まされている。ずっと訂正したかったのだが、やっとその機会がめぐってきた。

目次

序章

この本では、カタルーニャの歴史を、中世を中心に据えて物語風にまとめてみた。

と言うとすぐさま、カタルーニャとは何なのか、どこにあるのかという問いが返ってきそうだ。それも当然のことかもしれない。この、イベリア半島地中海岸の北東部にある小さな「国」は、現在は大部分をスペインに、そして残りのわずかな部分をフランスに呑《の》み込まれた状態になっていて、ふだん、我々が接する世界地図上にはその名が現れていないのだから。

普通、「カタルーニャ」という場合、スペインの地中海岸の北東部、フランスと国境を接する地方を指す。現在は、広範な自治権を有する自治州であり、その州都はバルセロナだ。カタルーニャの人口は約七百万人。この人口はデンマークを上回り、ヨーロッパでは中程度の国に匹敵する。

北にピレネー山脈、東に地中海を持つこの逆三角形の地方は、豊かな自然に恵まれている。また、交通の要衝として古代から栄えてきた。現代では、その地の利と勤勉な国民性を活《い》かし

て、スペイン随一の先進工業・商業地域として、スペイン経済の牽《けん》引車《いんしゃ》の役割を果たしている。

「カタルーニャ」という名称を「カタルーニャ語文化圏」という意味で使うこともある。この場合には、スペインのカタルーニャ地方に加え、ピレネー山脈の北に位置するフランス領「北カタルーニャ」、スペインのバレンシア地方の一部、マリョルカ島などがあるバレアレス諸島などが含まれることになる。

カタルーニャには「国」としての条件がそろっている。独自の歴史、伝統、習慣、そして言語がある。そこに生まれた人々は、たとえ国籍がスペイン、あるいはフランスであっても、自分はスペイン人、フランス人である前に、カタルーニャ人であると思っている。

しかし、近代に入ってからのカタルーニャには運がなかった。たとえば同じイベリア半島の反対側にあるポルトガルとは違って「近代国家」というタイトルを手に入れそこなってしまった。落ち目のスペイン帝国が、なおも過去の威信にこだわって、よせばいいのにヨーロッパの国際紛争である三十年戦争（一六一八～四八）に首を突っ込んだ際に、その負担を嫌ったポルトガルとカタルーニャは反乱を起こした。巧みに国際情勢を利用したポルトガルは独立を勝ち取るが、カタルーニャはしくじった。このときポルトガル同様「国家」になっていてもちっともおかしくなかった。しかしそうはならなかった。

カタルーニャ人がみな中世の歴史が大好きなのも、そのあたりの事情にくやしさを感じているからなのかもしれない。それはなんといっても中世が、この国が唯一、世界史の舞台の一角で主役を演じた時代だからだ。地中海という、西洋文明にとって特別の意味のある海を股《また》にかけ、軍事的に、貿易で、そして文化で他国を圧倒した時期だからだ。

たしかにカタルーニャの中世は栄光に満ちている。

しかしそれだけではない。八世紀から十五世紀にかけてのカタルーニャ――そこは、ぎらぎらと欲をむき出しにした王たちが北のフランク王国や南のイスラム教徒たちを相手に権謀術数、武力の限りを尽くして領土の切り取り合戦を演じる舞台だ。さらにこの王たちは、ほとんどの場合、ロマンチストの色好みだ。一方、王妃や貴婦人たちも負けず劣らず強烈な個性の持ち主だ。宮廷には騎士、貴婦人、吟遊詩人たちが集い、争いの血なまぐさい匂いを覆い隠そうとするかのように華やかさを競う。錬金術師が幻の金を求めて必死になっているかと思えば、イスラム教徒のキリスト教改宗という、錬金術に劣らず困難な偉業に挑む僧侶がいる。貨幣という、財産形成に極めて都合のいい「道具」が出てきたおかげで商人は欲の皮をますます突っ張らす。教皇を頂点に僧侶は腐敗し、庶民は疫病や飢え、貧困にあえぐ。他方、有力商人は富を蓄え王侯貴族まで操るようになる……。

中世は、まさに劇場さながらの面白さなのだ。はじめは自分たちの栄光のルーツをそこに求めていたカタルーニャ人たちも、やがてその面白さに夢中になってしまったに違いない。そして私たちもその楽しみに参加して悪いということは一つもないのだ。

しかし、不思議なことに、カタルーニャの中世について書かれたものは（少なくとも一般書のレベルでは）我が国にはないようだ。けっこう長い間、地中海を牛耳っていたのに。ギフレー「毛むくじゃら伯」、ジャウマ「征服王」、大錬金術師（？）リュイ、怪僧ビセント・ファレー……どこの国の中世の歴史にも決して見劣りしない役者ぞろいなのに。

たとえば、手元にある世界史の大学受験参考書では「イベリアのキリスト教諸勢力は三つに区分される。レオン＝カスティーリャ王国、アラゴン＝カタロニア王国、それに十二世紀中ごろ、カスティラ王権から自立したポルトガル王国である。（中略）アラゴンは、商業都市の多いカタロニアのバルセロナ伯領など諸侯領を併合したことで、地中海に展開し、カタロニア商人の志向に従って、西部地中海へ視線を向けた。両シチリア王国への干渉の動機はここに発する」――これですべてだ。それでも言及があるだけましなほうだ。これすらも内容的には誤りがあることはこの本を読んでいただければわかると思うが。

私が本書を書くにあたって、まず中世にこだわってみようと思ったのはこういうわけである。

この増補版では、初版で駆け足になってしまった「その後のカタルーニャ」を充実させることに努めた。コロンブスがアメリカ大陸に達した後のカタルーニャはたしかにしばらくパッとしなかった。しかし、その間も、当然のことながらカタルーニャは存在し、カタルーニャ文化の伝統は途絶えることなく受け継がれていった。そしていろいろな条件が整った十九世紀半ばに一挙にそれが開花するのである。スペイン唯一の産業革命を経験し、近代主義(ムダルニズマ)と呼ばれる芸術潮流が起こる。今や世界中で知らぬ者のない建築家ガウディや、サッカー・チーム「バルサ」が誕生するのもこの時代のことだ。そこには当然、さまざまな「物語」があり、その主役たちの躍動があった。ただ、順調と思われた復活が時代の暴力によって途切れてしまうのも、当のカタルーニャ人たちには酷な言い方だが、歴史の妙なのかもしれない。

そして「歴史は繰り返す」ということばを証明するかのように、その浮き沈みは二十一世紀になって再び、カタルーニャ独立運動という形で世界の注目を集めることとなった。時間の隔たりがない分、その記述はリアルである。しかし、それもまた、まぎれもなくカタルーニャの人々の物語なのである。

私は歴史の専門家ではない。したがって、この本は「歴史書」としては常道を逸しているかもしれない。ただ、カタルーニャ語、カタルーニャ文化研究者としての誠意は尽くしたつもりだ。専門家でないということには、ある意味では自由な立場で、読む人にとってのわかりやすさを第一義として書くことができるという利点があるように思う。読んでいてできるだけ飽きないように、ということで、部分的には歴史小説のような会話文を、想像力を働かせて入れてみたりもした。歴史の専門家なら恐ろしくてとてもできないことかもしれない。多少、やりすぎた点もあるかもしれないが、読みやすさ、親しみやすさという目的のためであるということでご理解いただきたいと思う。

1　カタルーニャの誕生

「松の巨人」と「町の巨人」

カタルーニャの子どもたちに広く愛唱されている「松の巨人」というわらべ歌がある。

ごらん、
松の巨人が踊ってる。
松の巨人が踊りながら
道を行く。

ごらん、
町の巨人が踊ってる。
町の巨人が屋根を越えて

飛んで行く。

「松の巨人」とは、カタルーニャの山奥に住むキリスト教徒のことである。彼は、ある日、イスラム教徒に占領されているバルセロナを奪い返しに行くことを思いつく。手ぶらで行くわけにもいかないので、途中で、松の木を一本根から引っこ抜いて杖《つえ》の代わりにする。それを見て、子どもたちが道々、「松の巨人」とはやし立てるのである。

「町の巨人」とは、すなわち、バルセロナで「松の巨人」を迎え撃つイスラム教徒である。文化的、軍事的に優位にある「町の巨人」は、余裕で、山奥から出てきた「松の巨人」に、「腹が減っては戦もできぬだろう」と腹一杯食わせてやり、戦いをはじめる。意に反して「松の巨人」は手強《てごわ》い。そしてとうとう「町の巨人」をバルセロナの家々の屋根越しに、市壁の外へ放り出してしまうのである。

「松の巨人」 今でも巨人人形はカタルーニャの祭りにつきもの

我々は、八世紀後半から九世紀初頭にかけての、イベリア半島地中海岸、現在カタルーニャと呼ばれている地域にいる。

なぜ、バルセロナのような町にイスラム教徒がいて、なぜ、キリスト教徒が山奥からのこのことそれをやっつけに出ていかねばならないのか。まず、それを見ることからはじめよう。

ローマ帝国。その最大版図は、東は小アジア、エジプトから、西はガリア（現在のフランス）、イベリア半島にまでおよぶ広大なものであった。しかし、広い領土の維持は骨が折れる。遠方各地では、それぞれ勝手なことをする輩《やから》が増えてくる。今まではローマの威信で全土に通用していたラテン語まで、「乱れて」ばらばらに変化しはじめる（やがて、フランス語、カタルーニャ語、スペイン語、ポルトガル語等々になっていく）。帝国の弱体化につけいったのがゲルマン諸族である。ローマはすでに自前の軍隊でこれに対抗することさえできず、ゲルマン人の傭兵《ようへい》をもってこれに当たるありさまだった。

イベリア半島でも事情は同じ。ここへはゲルマン民族のうち、スエビ族、バンダル族、アラン族が侵入し、乱暴狼藉《ろうぜき》の限りを尽くした。なかでももっとも野蛮だったのはバンダル族で、vandalisme（公共物の破壊などの蛮行）ということばとなってその印象は現在に受け継がれている。しかし、イベリア半島住民にとって幸いなことに、最終的に半島に定住したのは、ローマ人との付き合いも長く、比較的紳士的な西ゴート族だった。

五世紀後半に、ついに西ローマ帝国が崩壊すると、イベリア半島には西ゴート王国が成立した。西ゴート族はキリスト教に改宗し、それまでのローマ的社会によく同化した。しかし、権力抗争、内紛という万国共通の悪弊に比較的早い時期に陥ってしまった。そうなると、王国の屋台骨はぐらぐら。外からあと一押しあれば、がらがらと崩れ去るという状態になったのが八世紀はじめのころのことである。そして、その一押しをくれたのが、マホメット（ムハンマド）登場以来めきめきと力を伸ばしていた新興勢力のイスラム教徒だった。

七一一年、イスラム教徒軍がイベリア半島に侵入した。彼らの勢いは凄《すさ》まじかった。たったの四年で、北部の一部を残してほぼイベリア半島全部を征服してしまった。当時の機動力を考えにいれれば、これは信じがたいスピードである。ほとんど抵抗らしい抵抗はなかった。西ゴート王国がそれほど老朽化していたということである。

イスラム教徒たちがカタルーニャに入ったのは七一三年ころのことだと考えられている。タラゴナ、バルセロナ、アンプリアスが落ち、ジロナもこのときに占領されている。

カタルーニャが手中に収まると、もうガリアは目前である。欲をかいたイスラム教徒はピレネーを越えてフランク王国へと乗り込んだ。

しかし、フランク人がこれを手をこまねいて見ているわけがない。イスラム軍はポワティエで宰相カール・マルテル率いるフランク軍に大敗を喫し、すごすごとイベリア半島へ引き返さざるを得なかった（七三二）。

イスラム教徒の野望をいったんは打ち砕いたとはいえ、またいつなんどき、襲ってくるやもしれない。それを未然に防ぐためには、まずピレネー北側のセプティマニア地方を奪い返し、さらにはカタルーニャも勢力圏内に収めておかねばならない。こう考えたフランク王はさっそく再征服にとりかかる。

セプティマニア征服には意外に手間取った。七五九年、小ピピンの時代になってやっと実現したのである。

カタルーニャ征服が一つ大きな山を越えたと感じられたのは、ジロナが落ちたときだった（七八五）。このときのジロナの人々の喜びようは大変なものだった。彼らは解放のお礼にと、フランク王シャルルマーニュ（カール大帝）を聖人として崇拝することにしたくらいである。しかし、それはあくまでも伝説で、実際にジロナを征服したのはシャルルマーニュではなく、その息子のルイ一世敬虔《けいけん》王だったのだが。

ウルジェイ、パリャース、ビック、カルドナと再征服は続き、ついに八〇一年、七ヵ月の包囲戦の末、バルセロナが落城するのである。かくして「松の巨人」は「町の巨人」を放り出すことができたのである。

当時のフランク人の詩人の作品に残されている包囲戦のエピソードを一つ紹介しておきたい。包囲戦もすでに長期におよび、バルセロナ城内のイスラム教徒には焦りの色が濃くなってきていた。

そんなおり、バルセロナから脱出を図った一人のイスラム教徒が包囲網にひっかかってとらえられた。あと一歩というところで馬がいないてしまったのである。

取り調べてみると、なんとこれがバルセロナ総督のザイグであった。自ら援軍を求めに行くところだったのである。

ルイ一世は、翌日、ザイグを市壁の前に引き出し、城内の部下に降伏を勧めるように迫った。ザイグは、意外に素直に王のことばに従った。片手を手錠でつながれていたので、残る片手を動かしながら、懸命に説得にあたっている。

ところが、王は、その片手の動きが不自然であることに気づいた。なんと、ザイグは、口では降伏を勧めながら、手の動きで、自らのことばを打ち消していたのである。温厚で知られた王であったが、このときばかりはことばよりも手が先に出た。気づいたときには、王の平手打ちによって口から血を流すザイグが地面に横たわっていた。

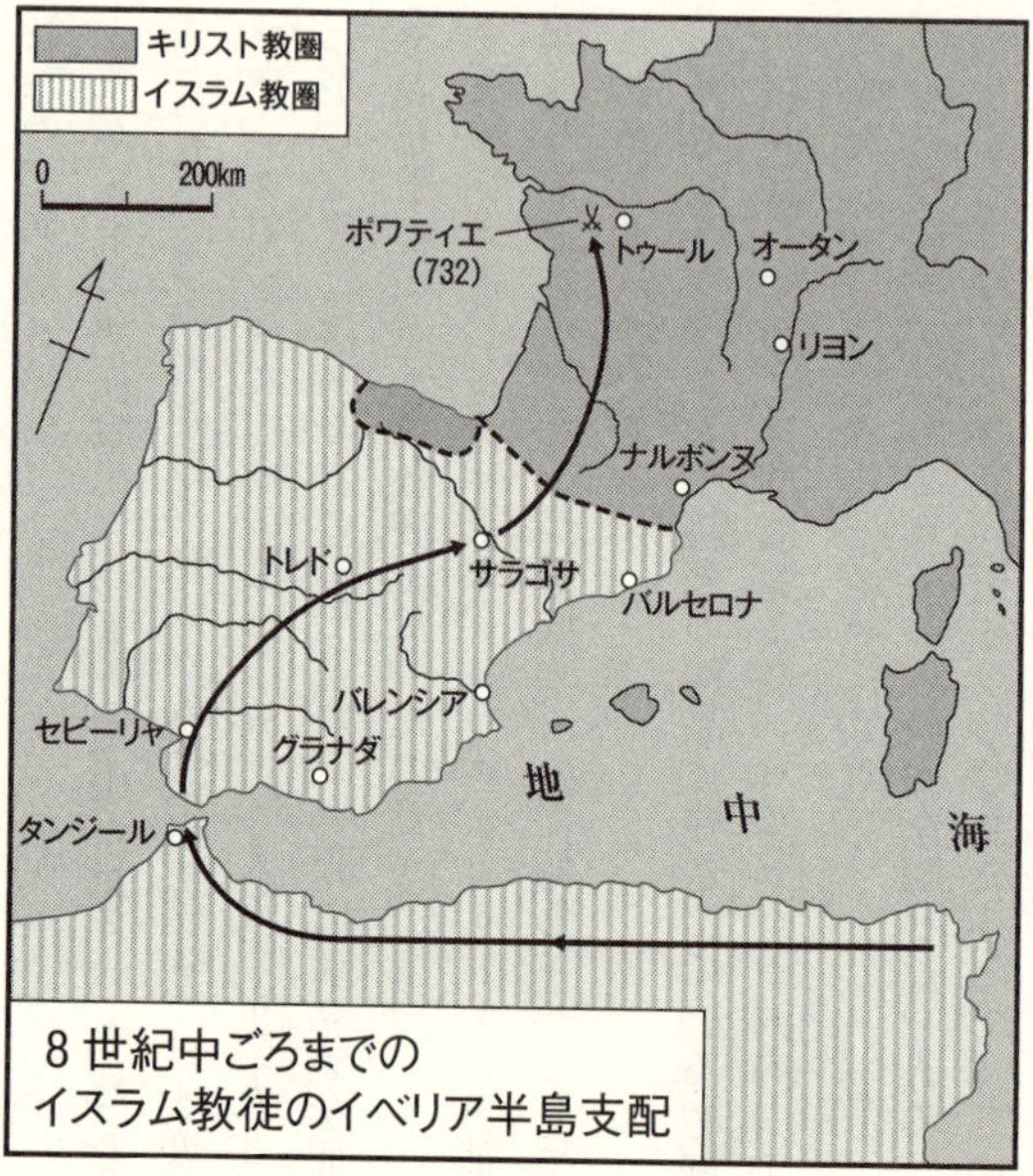

8世紀中ごろまでの
イスラム教徒のイベリア半島支配

この不屈の精神には、王もおそらく、敵ながらあっぱれと感心し、己の軽挙を恥じたことであろう。

ザイグの勇敢な行為にもかかわらず、その後間もなく、バルセロナは陥落するのである。

こうしてフランク人によって再征服された土地は「ヒスパニア辺境領」と呼ばれるようになる。つまり、イスラム教徒が二度と北へ攻めのぼってこないようにするための緩衝地帯、早く言えば盾である。

歴史的に言って、カタルーニャは旧カタルーニャと新カタルーニャに分かれる。境はバルセロナの南方を流れるリュブレガット川である。旧カタルーニャというのはこの川の北側の、八世紀末、遅くとも九世紀はじめには再征服されていた土地である。イスラム教徒の占領期間はわずか八十年間から九十年間程度で、その文化的影響は少なかった（アンダルシア地方では七百年も「占領」が続いたのだから九十年間などはほんのわずかの期間である）。一方、新カタルーニャのほうは十一世紀末から十二世紀中ごろの再征服であり、当然、イスラム文化の影響もその分、大きかったと考えねばならない。

ここで一つ、根本的なこととしてはっきりさせておかねばならないことがある。イスラム教徒とキリスト教徒の「文明度」についてである。非常におおざっぱで、具体性に欠ける言い方をすると、現代において、キリスト教圏のほうがイスラム教圏よりも「進んでいる」という見方が我々の中には支配的である。少なくとも科学技術などの現代文明の分野において、この見方はかなりの程度において適当であると言えよう。

しかし、歴史を振り返るときに、現代の先入観、尺度をもってするととんでもない間違いを犯すことになる。この、イスラム教徒とキリスト教徒の場合がその好例である。

中世においては、イスラム教圏こそが先進文明圏であり、キリスト教圏は戦いに明け暮れる未開の蛮族と、貧弱な農法に頼る貧しい農民たちの地にすぎなかった。

ゲルマン民族の大移動以来、ヨーロッパで顧みられることのなかったギリシャ、ローマの文明は、イスラム教圏で保持され、磨かれていたのである。九世紀初頭以降、ギリシャ語の文献は次々とアラビア語に翻訳され、諸学問が発達した。アリストテレスの哲学も熱心に研究され、後にヨーロッパのスコラ哲学の基礎となる。また、医学、薬学、天文学、数学などの発達にも目覚ましいものがあった。

学問だけではない。生活必需品、農業・工芸技術等々、ヨーロッパがイスラム教徒から取り入れ、学んだものは数多い——陶磁器、ガラス、中国で発明されていた紙、火薬、灌漑《かんがい》技術、砂糖、綿花、米、レモン、サフラン、ナス、ほうれん草……。

イスラム教徒から見た中世キリスト教徒がどのような存在であったかを示す記述を、『アラブが見た十字軍』(アミン・マアルーフ著、牟田口義郎《むたぐちよしろう》他訳、リブロポート)から引いてみよう。(抜粋のため、わかりにくい箇所は〔 〕で補足をした。)

明け方にフランク軍が到着した。たちまち大虐殺である。〈三日間にわたり、彼らは住民を剣にかけて十万人以上を殺し、多数を捕虜にした〉。（中略）〈マアッラで、われらが同志たち（フランク人たち）はおとなの異教徒を鍋に入れて煮た上に、子どもたちを串焼きにしてむさぼりくらった〉――この告白はフランクの年代記作者であるカーン［北フランス］のラウールのもので、マアッラ近郊の住民たちはこの告白を読むすべもなかろうが、見たり聞いたりしたことを一生忘れることはないだろう。（中略）

事件の三年前、隣接する町シャイザルに生まれた年代記作者のウサーマ・イブン・ムンキズは後日、次のように書く。

フランクに通じている者ならだれでも、彼らをけだものとみなす。勇気と戦う熱意にはすぐれているが、それ以外には何もない。動物が力と攻撃性ですぐれているのと同様である。

（中略）たとえば彼ら（イスラム教徒たち）はタルフールと呼ばれるフランクの狂信的な一団を見た。彼らは大声でサラセンの肉を食ってやるぞとわめきながら村々をねり歩き、夕方には火の周りに集まって獲物をむさぼり食べるのである。

また、キリスト教徒とイスラム教徒の医療知識、技術の差についても次のような記述が同書にある。

足におできができた騎士と肺病の女が私（スルタンによってフランク人領主のもとへ派遣された医師）の前に連れて来られました。騎士には膏薬《こうやく》をつけてやると傷口が開き、だいぶよくなりました。女には体質の回復のため食餌《しょくじ》療法の処方をしました。ところがフランクの医者が入って来ていうのです。「この男は手当てのしかたを知らん！」。そして騎士の方を向いて尋ねました。「足が一本で生きるのと、二本のままで死ぬのと、どっちがいいか」。患者が、一本の足で生きる方がましだと答えると、医者は命令しました。「元気な騎士とよくといだ斧《おの》をここへ」。やがて斧をもった騎士が来るのが見えました。フランク人の医者はくだんの足を薪割《まきわ》り台の上に乗せ、今来た男にいいます。「いいか、その斧ですぱっ、とやるんだ」。私の目の前で、その男は一撃を加えましたが、足はまだくっついたままだったので、第二撃です、骨髄がとび散り、患者は即死しました。女の方はといえば、フランクの医者は診察してからいいました。「頭のなかに悪魔がいてこの女に惚《ほ》れよる。髪の毛を刈れ！」。毛が刈られました。女はそれから、にんにくと辛子《からし》の利いた食事に戻ったので病状が悪化しました。「悪魔が頭のなかに入っておるからじゃ」と医者は断言し、かみそりをとると、十字形に切開して頭蓋骨をむき出しにさせ、塩でごしごしもむのです。女はすぐ死にました。

イスラム教徒によるイベリア半島の征服は、正当性はともかくとして、「野蛮な異教徒の侵入」では決してなかった。むしろ、彼らは、その後に、「野蛮な異教徒（キリスト教徒）」が領土を奪い返すために襲って来ることを恐れたのである。

ギフレー一世、毛むくじゃら伯

フランク王国は、七六八年に即位したカロリング朝のカール（カール・マルテルの孫）の時代には、絶頂期を迎えた。向かうところ敵なしの破竹の勢いで、ロンバルディア王国を滅ぼして北イタリアを版図に加え、ライン川東のザクセン族、ドナウ川上流のバイエルン族を併呑《へいどん》、さらには東方の西スラブ系のベンド族、モンゴル系のアバール族などをも討伐した。もちろん、イベリア半島のイスラム教徒に対しても遠征を行い、辺境領を設置したことはすでに見たとおりである。

その領土は、かつての西ローマ帝国のそれに匹敵するほどの広さに達し、カールはついに、教皇レオ三世によってローマ皇帝の冠を授けられ、カール大帝（シャルルマーニュ）と称せられるようになるのである（八〇〇）。

さて、我々が注目するカタルーニャは（もちろんそのような実体はまだ存在しないが、便宜上こう呼んでおく）、このころ、この強大な帝国の南方にへばりつくような形でぶらさがっている盲腸のような存在にすぎない。しかし、そこでは、かすかながら独自の胎動がはじまりつつあったのである。

フランク王国は、領土を約三百の州に分け、それぞれの州に伯を置いて統括にあたらせた。カタルーニャにも、リバゴルサ、パリャース、ウルジェイ、サルダーニャ、ジロナ、バルセロナなどの伯領が設置された。しかし、時はいわば乱世、戦の巧みな者、勇敢な者、そして政治力のある者の下に次第に領地が集中しはじめた。そして、実質的に全ヒスパニア辺境領の頭となったのが、ギフレー一世（在位八七八〜八九七）、あだ名は「毛むくじゃら伯」であった。彼こそが、十五世紀に断絶するまで続く、バルセロナ伯爵家の始祖である。ことばを換えて言うならば、彼は、フランク王によって任命された最後のバルセロナ（およびその他の領土の）伯爵なのである。このことを意識してか、あるいはフランク王家との摩擦を嫌ってか、彼とその子孫は、「カタルーニャ王」または「バルセロナ王」を名乗ることはついになかった。（ただし、後にアラゴン王国との連合によって成立したカタルーニャ・アラゴン連合王国の王を名乗ることはあった。）

ギフレーの生涯についてはあまり詳しいことはわかっていないが、伝説は少なくない。その一。なぜあだ名が「毛むくじゃら伯」なのか。もちろん、毛深かったのであろう。しかし、伝説によれば彼の毛深さは並の毛深さではなかった。

『バルセロナの伯爵たちの武勇伝』という中世の書物によると、ギフレーの父は、ギフレーをつれてフランクの宮廷に赴く途中、サルダーニャ伯であったフランクの貴族サルモーに謀殺される。ギフレーはフランク王の配慮により、フランダース伯爵の庇護《ひご》の下に置かれることになった。伯爵の娘とともに育てられたギフレーはやがてこの娘と恋に落ちる。しかし、伯爵夫人もしたたかで、結婚する前にバルセロナの支配権を取り戻してこい、と要求する。ギフレーは巡礼者に変装して密《ひそ》かにバルセロナに戻った。母とは十六年ぶりの再会であったが、母は彼が自分の息子であることがすぐにわかった。なぜならば「普通なら毛のない部分に毛が生えていた」からだった。この書にはどこに毛が生えていたのかは明記されていない。伝承では、足の裏だとされている。足の裏に毛など生えていたらなにかと不便であろうとは思うのだが……。いずれにせよ、毛が男性の力の象徴であるという聖書以来の伝統がここにも認められるということは確かであろう。

その二。黄色地に四本の赤い線という、国旗のデザインとしては珍しい、カタルーニャの国旗の起源について。

ときの西フランク王シャルル「禿頭王《とくとう》」は、ノルマン人の海賊に頭を悩ませていた。彼らは小船に乗って浜に上陸したり、川をさかのぼったりしては、周辺の村を略奪し、風のように逃げ去ってしまう。正規軍が、いかに強力であっても、ゲリラに弱いのは今も昔も変わらない。

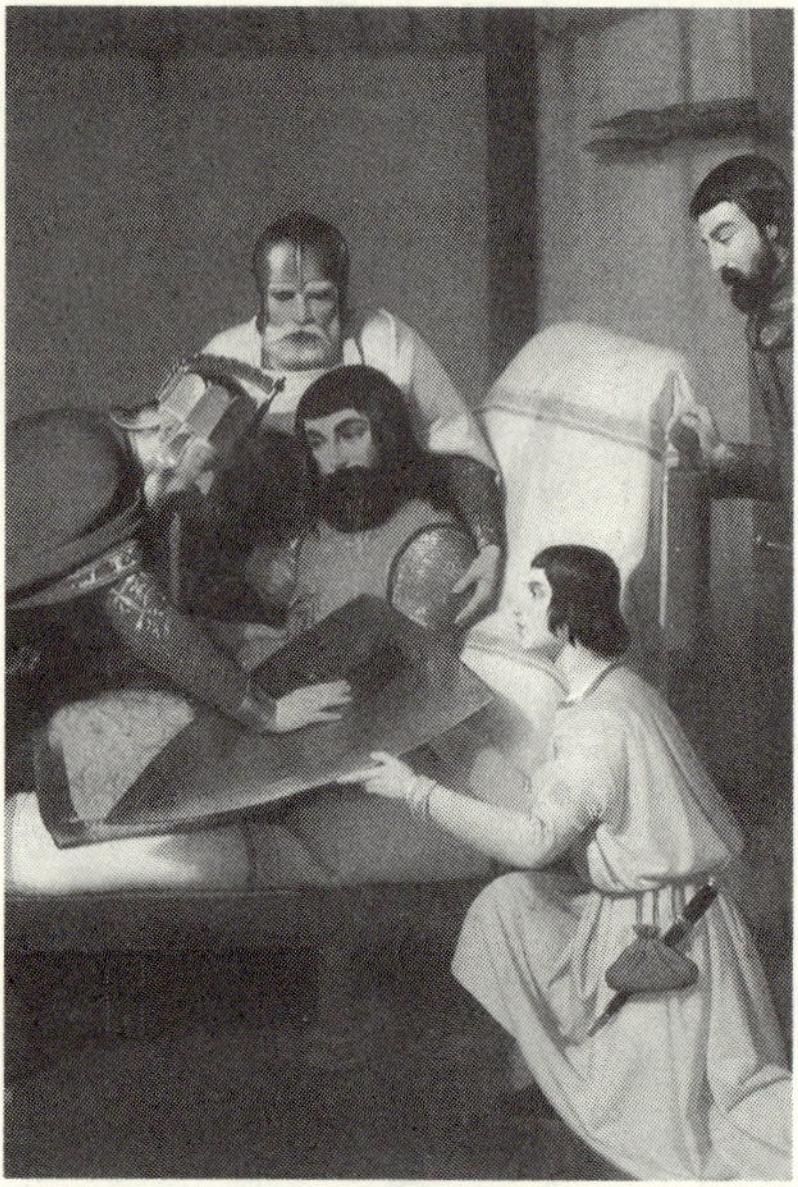

カタルーニャ国旗の誕生伝説

困り果てた王はギフレーに援軍を依頼した。ギフレーは、今こそ日ごろのご恩に報いるチャンス、いざ鎌倉《かまくら》とばかりに馳《は》せ参じた。

ギフレーは獅子《しし》奮迅《ふんじん》の活躍で、ノルマン人を蹴散らした。しかし、一瞬のすきをつかれて、胸に重傷を負ってしまった。

テントで臥《ふ》しているギフレーのところに、シャルルが見舞いに訪れた。忠実な家臣の活躍に感動気味の王は、声を震わせてこうのたまった。

「ギフレー、このたびの働き、見事であった。なにか褒美をつかわしたいが、何を所望じゃ」

ギフレーはベッドから体を起こそうとするが、王がそれを押しとどめる。

ギフレーはしばし考えた末、枕元に立てかけてある黄無地の盾を指し、

「かねてより盾が無地であることを寂しく思っておりました。できうれば、なにか紋を賜《たま》わりたいと存じます」

と願った。

サンタ・マリア・ダ・リポイのファサード

シャルルは無言でうなずくと一歩前に進み出た。おもむろに右手の指四本でギフレーの傷口に触れると、血を拭いもせずに盾に近づき、一気に四本の線を引いたのだった。

　ギフレーがノルマン人と戦ったという記録はないし、また、この紋章が文書に現れるようになる時期は、ギフレーの時代よりずっと後なのであるが。

　ギフレーがピレネー山脈南の内陸部を再征服し、そこにサンタ・マリア・ダ・リポイ（八七九）やサン・ジュアン・ダ・ラス・アバデッサス（八八七）などの多くの修道院を作ったのは伝説ではなく歴史的事実である。前者のファサード（正面の外観）は、数あるロマネスク様式の建築の中でも一、二を争う傑作である。また、後者は娘のエンマのため

ギフレーの墓

に作られた修道院である。

ギフレーが修道院の建設に熱心であったのは、もちろん、宗教心の賜物であるということもある。しかし、それと同時に、あるいはそれ以上に、修道院というものが、再征服した土地の再植民の核となる戦略的拠点だったからであった。まず、修道院を作り、その周囲に植民をし、やがて村が形成されるのである。また、修道院は、イスラム教徒の侵攻を阻止する砦《とりで》の役目もし、またあるときには、山間部と海岸地方の中継点でもあった。さらに、修道院は当時の学術、文化の中心であり、すぐれた修道院を持つことはすぐれた政治顧問団を持つことにも等しかったのである。

イスラム教徒相手のリェイダの合戦で負傷し、ついには命を落としてしまったギフレー一世「毛むくじゃら伯」は、息子たちによって遺骸をサンタ・マリア・ダ・リポイ修道院に運ばれ、今もそこに眠っている。

ギフレーは死に際して、領地、すなわちカタルーニャを四人の息子に分け与えた。分割相続は一般に王国の力を弱める結果になる。フランク王国がそうであったし、後に述べるジャウマ一世の場合もそうであった。ギフレーの決定も、そういう観点からすれば得策ではなかったかもしれないが、この場合は、それよりも重要な意味がそこには含まれていた。つまり、ギフレーはフランク王の意志とは無関係に後継者を決定したのである。それは、カタルーニャの独立へ向かって踏み出されたまぎれもない一歩だったのである。

「バルセロナの死んだ日」、「カタルーニャが生まれた日」

「殿下、モーロ人の襲撃です！」

九八五年七月一日、バルセロナの夏特有の蒸し暑い日であった。

徹夜の疲れで、ついうとうとしてしまったバルセロナ伯ブレイ二世は、部下の叫びに浅い眠りを覚まされた。

前日、近郊のサン・クガットの修道院が襲われ、八人の修道士が殺されたという報告は受けていた。だからこそ、徹夜の警戒にあたっていたのだ。どうか、バルセロナ攻撃にはいたらず、引き上げてくれるように、と心の中で念じながら。

敵将アル・マンスール、つまり「無敵将軍」がそれほど甘いわけはないということは知っていた。しかし、手勢と敵軍の数の差を考えると、そう念ずる以外に方法はなかったのである。

「殿下、海上にも敵の艦隊が現れました！」

その部下の顔には血の気がなく、絶望的な表情が浮かんでいる。そう、事態は最悪の展開になったのである。アル・マンスールは本気でバルセロナを襲撃するつもりなのである。

家臣たちの意見は二つに分かれていた。一つは徹底抗戦である。もう一つは、イスラム教徒の常として、降伏すれば建物を破壊したり、人をむやみに殺したりはしないので、降伏すべきだという意見である。敵が恐ろしいほどの大軍である上、海上まで封鎖された今、後者をとるしか道はないように思われた。抵抗したところで負けは日に見えているのだから。

アル・マンスール軍は七月六日に入城した。ところが、予想に反して、城壁と主な建物を破壊し、ありとあらゆる略奪を行い、しかも、多くの人を捕虜として連行していってしまった。一部は奴隷とするために、そして残りは身代金目当ての人質として。そして、戦法だけはいつも通りに、すなわち風のように襲って来て、風のように去っていったのであった。

「バルセロナの死んだ日」、当時の年代記作家はこの日をこう呼んでいる。文字通り、バルセロナは廃墟《はいきょ》と化してしまった。

その惨状を目前にして、ブレイ二世は、決意を固めたのだった。

「フランクとの縁もこれまでだ」と。

ギフレー以来、カタルーニャの独立性が実質的に高まりつつあったとはいえ、ブレイ二世には、まだはっきりと独立しようという意志があったわけではなかった。事実、彼は、西フランク王ロタールに、またその後継者ルイ五世に、そしてユーグ・カペーにと、主従関係の継続を確認してくれるように求めつづけていた。しかし、なしのつぶてであった。それは、フランク王による主従関係の明確な拒否ということではなく、むしろ、フランク側のお家の事情がそれどころではなかったのである。つまり、フランク王国が分裂し（八四三）、西フランク王国にカペー朝が成立したものの（九八七）、王権が弱体である上に、ノルマン人の侵入に悩まされたりしており、とても遠いピレネーの向こうの一伯領のことなど気にしていられる状態ではなかったのである。

ブレイ二世の決意によって、バルセロナ伯家はフランク王朝から独立することとなった（九八八）。そして、バルセロナ伯領がカタルーニャにおいて占めていた重要性から見て、それはカタルーニャ自体の独立、すなわち建国を意味していたのである。（フランク王国が法的にカタルーニャの独立を認めるのは一二五八年にジャウマ一世とフランス王ルイ九世の間でコルベイユ条約が調印されたときである。）

「カタルーニャ」という名称

それでは、「カタルーニャ（Catalunya）」という名称はいつ、どのようにして使われはじめたのか。

実は、このとき、つまり実質的なカタルーニャの独立のときには「カタルーニャ」「カタロニア」などの名称は存在していなかったらしい。文書にはじめてその名称が現れるのは、十二世紀後半である。

また、「カタルーニャ」の語源については、謎である。いくつか説があるが決定的なものはない。諸説のうち、主なものを次に紹介しておく。

まずはGotholandia説。Gotholandiaとは「ゴート人の土地」という意味である。実際、カロリング朝のころにはカタルーニャはGotholandiaと呼ばれていたことがあるのでもっともな気もするが、このGotholandia→Catalunyaという変化は言語学的に無理がある。

次に十五世紀の説話に登場するCathaló城を語源とするもの。この説話によると、「八世紀のはじめ、南仏にOtgar Golantという貴族がいた。その城がCathaló城という名だったので、彼は別名Otgar Cathaló、彼の家臣たちはCatalonsと呼ばれていた。彼はあるとき九人の家臣とともにゴート人の地を征服に出かける。そしてピレネー山脈を越えたところにいくつかの城を構え、イスラム教徒を攻撃するが、やがて戦死してしまう。九人の家臣たちはそのままピレネー山中に残った。その後、シャルルマーニュの遠征に参加していた、『ローランの歌』で名高いローランが彼らを発見し、主君の許《もと》に連れて行く。シャルルマーニュは後にピレネーの南の地を征服したときにOtgarを記念してそこをCataloniaと呼んだ」とされている。

しかし、この史実自体が現在では否定されているので、この説も科学的信憑性《しんぴょうせい》には乏しいと言わざるを得ない。

「ヒスパニア辺境領」がイスラム教徒の攻撃に備えるためのものである以上、そこに城が多いのは当然といえる。城はcastellといい、城代はcastellanus, catlanusなどと言われたので、後にこれが変化してcataláが生まれ、さらにはCatalunyaが生まれたという説もある。しかし、これも言語学的に無理があることは否めない。また、同じ城でもアラビア語に起源を求めようという説もある。アラビア語では城をcálatというそうだ。最近、スペインのアルメリアで発見された十一世紀半ばの文書によってTalunyaという地名がカタルーニャの隣のアラゴン地方のウエスカとサラゴサの中間ぐらいのところにあったということが判明し、cálatとTalunyaを結びつけようとした人が現れたのである。彼の説明では、このあたりは当時、南のイスラム教徒と北のキリスト教徒を分ける境界になっていたので、Talunyaの城の向こうの地をCalatalunyaと呼び、これがつまってCatalunyaとなったというのである。

「スペイン人」という名詞がプロバンス語起源であることを証明したスイス人の学者も、この論争に一枚噛《か》んでいる。彼はMontcadaというバルセロナ郊外の地名に注目した。Montcadaはもともとラテン語のMons Catanus（カタヌスの丘）から出ているのだが、十一世紀の文書にMontcatalánという形が現れているのを発見したと彼は発表したのである。これを根拠に彼はCatalauniaという形がMontcadaからできたのだということを主張したのだが、残念ながら、後に肝心のMontcatalánがMontcataddanの読み間違いだということが判明し、この説はあえなくボツとなってしまった。

最後に紹介するのは、カタルーニャ語語源辞典やカタルーニャの地名辞典など膨大な量の業績を残しているカタルーニャ語学の碩学《せきがく》クルミーナスの説である。クルミーナスは、カタルーニャの先住民族であるラケタニ族（Lacetani）の名がその語源ではないかという仮説を立てた。一見、Catalunyaとはなんの関係もなさそうな語だが、彼は、カタルーニャの呼称を考えるにあたって後世の人物がLacetaniの名を使うことを思いついた、しかし、その名を書くときに間違えl、c、tを入れ替えてcatelaniと書いてしまったのではないか、というのである。大胆で興味深い説ではあるが、推論が多い分、説得力に欠ける嫌いはある。要するに、今のところ謎なのである。

2　栄光への助走

神の平和と休戦

封建領主たちはお互いに権力争いにうつつをぬかし、自らの所領を拡大することに躍起になる。農民たちは、次第に自由を奪われて土地に縛りつけられ、領主の思いのままになっていく。このように、野蛮で知性のかけらもないような領主、貴族が横行し、下層民にとってはまさに救いのない暗黒そのもののこの時代にあって、カタルーニャに「神の平和と休戦」と呼ばれる動きが生まれていたことは、人間の理性もまんざらではないのではないかという淡い希望を抱かせる。

一口でいえば、これは次の二つの慣習を組み合わせた中世前期の平和運動である。

まず、十世紀の終わりころ、フランス南西部に pax Dei すなわち「神の平和」と呼ばれる慣習があった。これは聖職者とその財産、および教会、修道院、さらには武器を持たない者を保護しようとするものだった。

「神の平和と休戦」の推進者ウリバの像

一方、十一世紀初頭のブルゴーニュとカタルーニャには treuga Dei すなわち「神の休戦」と呼ばれる決まりがあり、週の決まった日、および定められた祭日には乱暴な行為を働いてはならないということになっていた。

「神の平和と休戦」とは、封建領主のあまりの横暴、乱暴ぶりに業を煮やした聖職者たちが中心となって会議を開き、これら二つの慣習を組み合わせて、より強力に平和運動を推進しようとしたものである。第一回の会議は一〇二七年に開かれている。

これによって、土曜日の夕暮れから月曜日の日の出までは、聖職者に危害を加えたり、襲ったりしてはならないこと、また、その他の者の教会への行き来を邪魔してはならないことなどが定められた。また、後には、クリスマスや復活祭ほか、いくつかの祭日にまでその効力が拡大されることになった。もちろん、その大義名分は、信者たちが安息日や祭日の宗教的義務を果たす上で差し支えがあってはならないから、である。

では、なぜ教会主導のこのような平和運動に荒くれぞろいの封建領主たちが従ったのか。それは「破門」怖さである。後に破門の意味については改めて述べるつもりだが、現代的合理主義からは程遠い中世の宗教観では、「破門」ほど恐ろしい罰はなかったのである。

この、いわばカタルーニャ産の平和運動の推進者がウリバという僧侶である。

彼はもともとはサルダーニャ・バザルー伯という大貴族だった。しかし、彼はこの地位をなげうって聖職者となったのである。なげうって、というと聞こえはいいが、彼はすぐさま、一族と縁が深い、カタルーニャの宗教界の中心サンタ・マリア・ダ・リポイ修道院の院長に就任、ついで名門サン・ミケル・ダ・クシャー修道院の院長にも就任、さらにはビックの司教になっている。つまりは、俗世の大貴族が、宗教界の重鎮の座へと乗り換えたにすぎないともいえる。

しかし、わざわざ宗教界入りしたからには、やはりそれなりに思うところもあったのだろう。それが、この「神の平和と休戦」運動の推進となって現れている。

もっとも、ウリバはバルセロナ伯家、伯妃と非常に親しく、「神の平和と休戦」が貴族たちの行動を押さえ伯家に有利に働くことを見越してのことだったというった見方もできなくはないが。

事実、バルセロナ伯はこの「神の平和と休戦」会議に徐々に肩入れしていき、会議は後のカタルーニャ議会の基礎となるのである。

ブレイ二世の後継者たち

ブレイ二世の後継者たちは、なぜこれほどややこしい名前をつけたのだろうと思うほど紛らわしい名前を持っている――バランゲー・ラモン一世、ラモン・バランゲー一世、ラモン・バランゲー二世、バランゲー・ラモン二世、ラモン・バランゲー三世、ラモン・バランゲー四世。正統を明らかにするつもりだったのかもしれぬが、それならば、同じ名前に何世と付けていったほうがよほど合理的である。

いずれにせよ、彼らの周辺で繰り広げられた伯位や領土をめぐる争いや駆け引きは、なかなか凄まじいものである。

ブレイの曽孫にあたるラモン・バランゲー一世（在位一〇三五〜七六）は、生涯に三度結婚している。一人目の妻との間には三人の息子をもうけたが、そのうち生きのびたのはペラ・ラモン一人であった。はたして、生きのびたことがペラ・ラモンにとって幸運であったのかどうか。というのは、父の三人目の妻との折り合いが非常に悪かったからである。

もともと、この妻アルモディスはいわくつきの女性であった。アルモディスは絶世の美女であった。しかし、すでに三回結婚し、三回離縁されていた。子どもができないというありふれた理由ではない。三回の結婚とも、子どもには恵まれていたのだから。

むしろ自分の美貌に絶対的な自信を持っており、それにふさわしい結婚を求めていた彼女のほうで、前夫たちを見限ったと言ったほうがいいのかもしれない。

その点、ラモン・バランゲー一世は申し分のない夫であった。実質的にカタルーニャの王なのだから。しかもラモン・バランゲー一世は彼女にぞっこんであった。

アルモディスは苦もなく跡取りを産んだ。しかも双子である。ラモン・バランゲーとバランゲー・ラモン。ラモン・バランゲーは金髪の巻き毛が特徴で後に「糸くず頭伯」というあだ名を与えられた。名前まで紛らわしいこの双子を区別する方法が少なくとも一つはあったわけである。

アルモディスは野心の女である。自らにふさわしい地位を得た後は、当然、自分の息子たちのことを考える。そうなると邪魔になるのはペラ・ラモンである。彼女はことあるごとにペラ・ラモンをいじめた。ペラ・ラモンはなんども父に訴えたが、美しい妻を失うことを恐れた父はまともに取り合ってはくれなかった。

彼女は、美人で頭が良く、野心家であった。しかし、人の心を読むのに長《た》けていたとは言いがたい。なぜならば、やりすぎてしまったのである。一〇七一年十月十六日、いつも通りの些《さ》細《さい》なことからはじまった口論であった。しかし、ペラ・ラモンの心に沈澱《ちんでん》していた恨みが、彼に常軌を逸した行動をとらせた。継母は自らの才気によって命を落としてしまったのである。

ただし、皮肉なことに、この事件によって彼女の目的は達せられた。教皇庁をも巻き込んで裁判が行われ、ペラ・ラモンに重い罰が下された。それは実質的にペラ・ラモンの伯位継承を不可能にするものであった。

こうして、ラモン・バランゲー一世の跡継ぎは双子の兄弟に決まった。ラモン・バランゲー二世とバランゲー・ラモン二世である。彼は遺書にこのことをしたため、二人の取り分を明確に示していた。ただし、双子に分割されるべき領土には、未《いま》だ征服されていないイスラム教徒の領土も含まれていたのだが……。

双子がいて、その間で、領地を分割し、しかもどちらからも不満が出ないということなどあり得るだろうか。当然のことながら、二人の反目がはじまった。その争いは激しく、教皇グレゴリウス七世が仲裁に乗り出したほどであった。その仲裁で定められたことの中には、バルセロナの宮殿を兄弟が交替で使うこと、そしてそれぞれが宮殿を使える日付までが細かく定められた。双子の間は相当にこじれてしまっていた。

そして、その事件は起こるべくして起こったのである。

一〇八二年十二月五日、クリスマスも迫る、寒い日であった。

「このような日には獲物が多いものだ」

ラモン・バランゲー二世は、こう言い残して、愛鷹《あいよう》を伴って猟に出たきり帰ってこなかった。

翌日、大規模な捜索隊が組織された。遺体の発見はそう困難ではなかった。主人の遺体の上をいつまでもくるくると舞いつづける鷹《たか》の姿を家臣の一人がすぐに発見したからである。

嫌疑は当然、バランゲー・ラモン二世にかかった。しかし、決定的な証拠はなかった。世人は伯に「兄弟殺し伯」というあだ名をつけ、嫌疑を歴史に残しはしたものの。

おさまらないのが「糸くず頭伯」の未亡人マアールタである。幸か不幸か、その直前に彼女は一男を出産していた。彼女はカスティーリャ王国のアルフォンソ六世の宮廷に裁決を求め、息子をラモン・バランゲー三世（在位一〇九七〜一一三一）としてバランゲー・ラモンの跡継ぎに指名してもらうことに成功したのである。

　バランゲー・ラモン二世は、カタルーニャの領土拡大という意味からいえば、決して功績の少なかった伯ではない。古代ローマ以来の重要な都市であるタラゴナを征服したのも彼である。また、当時はサラゴサのイスラム王に仕えていた、かの英雄「エル・シッド」を捕虜にしたことがあるというエピソードも残っている。（「エル・シッド」とは、カスティーリャ王に仕えていた騎士で、本名はロドリーゴ・ディアス・デ・ビバルという。その武勲を称《たた》える叙事詩『ミオ・シッドの歌』が残されている。この歌を元に、十七世紀のフランスの劇作家コルネイユが『ル・シッド』を書き、また、ハリウッドではチャールトン・ヘストンとソフィア・ローレン主演で映画も作られている。）

ラモン・バランゲー３世の像
バルセロナ

　ラモン・バランゲー三世はなんと、この伝説的英雄エル・シッドの娘と結婚している。娘を一人もうけ、この娘の結婚のおかげでバザルー伯領を自領に組み入れることに成功している。

　この妻と死別した後、二回結婚することになるのだが、三人目の妻が南仏プロバンス伯爵のドルサであった。この結婚は、その後長らく続くカタルーニャの南仏支配のはじまりであった。

このように、ラモン・バランゲー三世は、もっぱら婚姻によって領土を広げていった。これも一つの立派な才能と言えるだろう。事実、彼は大変礼儀正しい紳士で、騎士の鑑《かがみ》と称えられていた。

次のような伝説が残っている。

神聖ローマ帝国皇帝妃マティルデが、密通の罪で告発された。もしそれが本当であれば、帝国の恥であり、極刑をもって罰せられるはずであった。しかし、マティルデは濡《ぬ》れ衣《ぎぬ》だと泣いて主張した。そこで裁判所は、この一件を神の裁定に任せることにした。つまり、一年以内に、告発者たる騎士に挑戦してこれを破る者が出れば、妃《きさき》の無罪は証明されるというのである。

しかし、国内には申し出る者がなかった。妃は唯一の味方である宮廷詩人に諸国を回って挑戦者を募るようにと頼む。

国から国へ、宮廷詩人は事件を歌に託して旅してまわるが、誰一人妃のために立とうという者は現れない。そしてついにピレネーも越え、バルセロナに到着した。

詩人は半ばあきらめていた。「ああ、気の毒な皇妃さま……」しかし、もはや習慣のように口をついて出る事件の歌。それを口ずさみながらとぼとぼとバルセロナの中心部を歩いていると、上のほうから何か足元に投げ落とされた。

布のようなものを拾ってみると、それは帽子で中に一オンサ金貨が入っている。とんでもない大金である。投げた人は身分のある人に違いない。

その建物の門番に尋ねると、そこはバルセロナ伯ラモン・バランゲー三世の館であるという。招き入れられるままに中に入った詩人を迎えたのは伯その人であった。

詩人から詳しい話を聞いたのち、伯は静かに言った。

「私が行こう」

中世の槍試合

詩人は信じられない思いであったが、伯のことばに嘘《うそ》はなかった。翌朝、日の出とともに二人ははるか遠い現在のドイツを目指して出発した。

旅は決して楽ではなかった。目的地に着いたときには、二人とも疲労困憊《こんぱい》していた。しかし、休むわけにはいかない。その日は、判決から一年目となる日の前日だったのである。

街の広場には、すでに皇妃を火あぶりにするためのたき火の用意がされている。

すぐさま、槍《やり》試合となった。

相手は休養十分。こちらは旅の疲れでへとへとである。誰が見ても敵に分があった。しかし、試合場に立った瞬間、伯の体は一本筋が通ったようにしゃんとなった。目がらんらんと輝いている。

二人の乗馬の騎士が向き合って走り出す。双方の手には槍が抱えられている。

勝負は一瞬で決した。相手の槍を巧みにかわしながら、胸に一撃を加えた伯の勝利であった。落馬した敵は、あっさりと、告発が虚偽であったことを認め、皇妃の罪は晴れたのであった。


伯は町の旅籠《はたご》で一泊すると、翌朝早く、僧に変装して、バルセロナへと戻っていった。

「あのあっぱれな武人は誰じゃ」

妃の貞操を疑ったきまり悪さも手伝って、皇帝はことさらに大声を上げて尋ねた。しかし、誰も知るものはいなかった。皇妃と詩人を除いては。しかし皇妃は、それを夫に明かすつもりはなかった。心の中に大切にしまっておくつもりだった。たとえ、今度こそ、少しだけ夫を裏切ることになるとしても。


ラモン・バランゲー三世が南仏プロバンスを領土にしたのは、このときの褒美だという説もあるが、これは伝説である。実際には、前述のように婚姻によって得たものである。また、そうでなくては、名も告げずに去っていくというラモン・バランゲー三世のダンディズムが損なわれてしまう。

もっとも、彼のダンディズムには少し行き過ぎのところがあった。臨終のときには、わざわざベッドを貧民救済病院に運ばせ、「私は、ここから貧しい人々と一緒に天に旅立って行くのだ」と言ったという。これなどはかっこうのつけすぎというものであろう。

サン・ジョルディの伝説

四月二十三日はカタルーニャの守護聖人サン・ジョルディの祭日である。カタルーニャの町々では、主な通りに本を売る屋台とバラを売る屋台が出て、買い物客でたいそうな賑《にぎ》わいとなる。この日は愛する者同士が本やバラをプレゼントしあう風習があるからである。この日までの数日間に、年間総売り上げの二〇パーセント以上の本が売れ、四〇パーセント前後のバラが売れるのである。

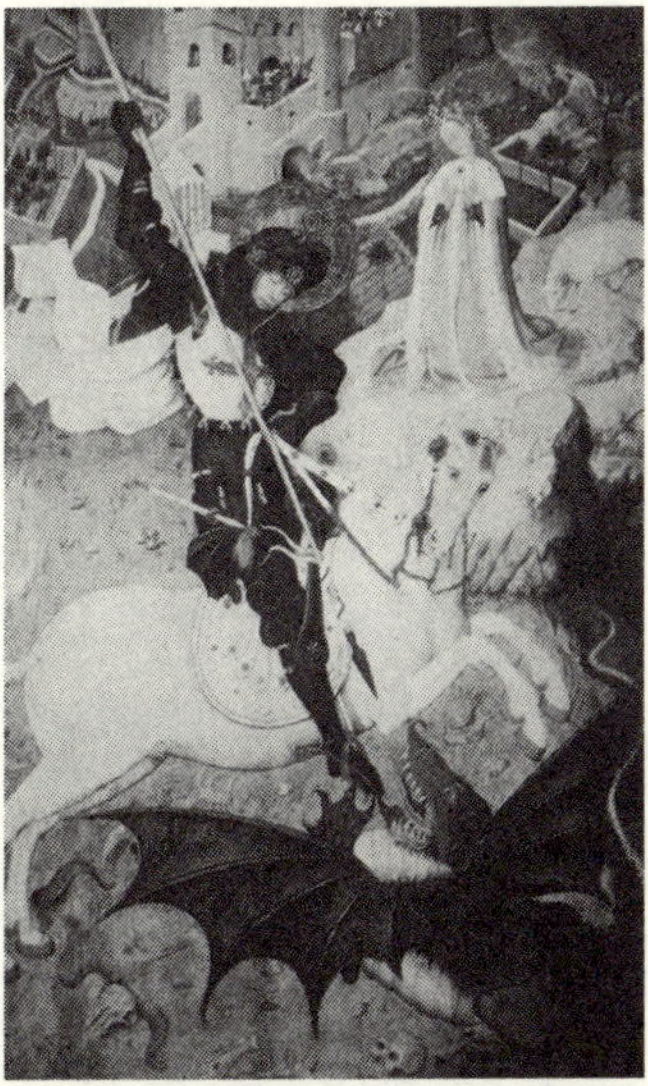

14世紀の祭壇画に描かれたサン・ジョルディ

この習慣の起源は比較的新しいものである。

十八世紀の文献によると、春のこの時期にカタルーニャ政庁周辺に「バラの市」が立ったらしい。カタルーニャでは、既婚、未婚を問わず、この市でバラを買い求め愛する人に贈ったものだそうだ。

一方、ちょうどそのころ、それまで貴族

しかお参りができなかったカタルーニャ政庁の建物内のサン・ジョルディの祭壇が四月二十三日に一般市民にも公開されるようになった。この時期を同じくした二つの行事が結びつき、サン・ジョルディの日にはバラを贈りあうという習慣ができたのである。

次に本について。一九二六年、ときのスペイン国王アルフォンソ十三世は文豪セルバンテス生誕の日を記念して、十月七日を「スペイン語の本の日」と定めた。ところが、その後、この誕生日がどうも怪しいということになり、もっと確実なセルバンテスの命日四月二十三日に変更されることになった。つまり、偶然、サン・ジョルディの祭日と重なったわけである。しかも、その実施一年目はカタルーニャ共和国が宣言された一九三一年(宣言は四月十四日)だったので、「もっとカタルーニャ語の本を!」という、制定者の意図からは大幅にそれた方向へ盛り上がってしまい、カタルーニャではいつのまにか、「スペイン語の本の日」が「本の日」に変わってしまったのである。

さて、それはともかく、このサン・ジョルディとは、四世紀にパレスチナで殉教したと伝えられるオリエントの聖人である(英語読みにすればセント・ジョージ)。実在した人物かどうかはやや怪しい。しかし、英国、ポルトガル、ギリシャ、リトアニア、ジェノバ、ジョージアなどが守護聖人としており、その人気は高い。なかでも、イスラム教徒に痛めつけられてきたカタルーニャでは、絶大な人気を誇っている。

なぜイスラム教と関係があるかというと次のような伝説があるからである。

国土回復運動がはじまって、イスラム教徒は徐々に南へ押し返されるようになっていた。しかし、ずる賢い彼らはただでは領土を明け渡さない。逃げ去る前に、アフリカで捕まえてきた竜をカタルーニャの地に放ったのである。竜はキリスト教徒の乙女を常食としており、いかに勇敢で腕自慢の騎士が退治に赴いても、かたっぱしから殺して食べてしまうのであった。そして最後の切り札として登場したのがサン・ジョルディであった。サン・ジョルディは期待にこたえ、竜を槍の一突きで殺してしまい、捕らわれの乙女を救い出したのである。（バルセロナのグラシア通りにあるガウディの傑作カザ・バッリョはこのストーリーをモチーフにしている。屋根が竜の鱗《うろこ》、ベランダが竜に食べられた騎士たちの兜《かぶと》、柱はその骨、そして煙突が竜を貫くサン・ジョルディの槍というわけである。）ちなみに、そのとき竜が流した赤い血が赤いバラの花に変わったというおちがつく場合もあるが、これは、サン・ジョルディの祭日の習慣にかかわるこじつけ

サン・ジョルディをモチーフにしたガウディのカザ・バッリョ

であるように思える。

サン・ジョルディは古くから絵に描かれたり、彫刻のモデルになったりしてきた。たいていは白馬にまたがった美男子で、槍を持ち、旗印は白地に赤十字、足元には哀れ討ち取られし竜が横たわっているという構図になっている。

画家や彫刻家、そのパトロンであった王侯貴族、また、その作品をながめる一般市民にいたるまで、その心の中では、カタルーニャをイスラム教徒から解放する第一歩を踏み出したギフレーの父あるいはギフレー自身とサン・ジョルディがオーバーラップしていたに違いないのである。

また、現代にあっては、フランコの独裁政権（＝竜）以来中央政府に虐げられるカタルーニャ（＝乙女）を救い出してくれる白馬の騎士と映っているに違いない。

さて、もちろん、これは象徴的な伝説にすぎず、現実の中世社会はこのようなロマンチックな、おとぎばなしのような世界であったわけではない。カタルーニャの中世前期は、カタルーニャというまとまりが意識されはじめ、そしてフランク王国から一定の独立を果たす時期であると同時に、中世封建制社会が成立する時期でもあった。

カタルーニャの封建社会の一番上に陣取っているのは貴族と僧侶である。この階級の中では主従関係が生じる。その下にある第三階級は、その他大勢、つまりは大部分が農民である。また、後に都市が発達して来ると、ここに商人や職人が含まれるようになる。

主従関係ということは、つまり、下の者が上の者に対して忠誠を誓い、軍役を提供し、その見返りとして封土つまりは自分の自由になる土地を分けてもらうということである。ただし、貴族、僧侶といっても、大貴族と下っ端騎士との間には大きな差があったし、僧侶にしても上級聖職者は大貴族なみの生活をしていたのに対し、下級聖職者は農民とほとんど変わらない状態であった。

一方、封建領主は支配下の農民に対して絶大な権力を持つようになっていった。イスラム教徒から領土を奪い返す過程で、回復した領土に再植民し比較的簡単に農地を手に入れてきた農民たちであったが、貴族たちの権力が増大するにしたがって、多くの制約を受けるようになっていった。特に、十二世紀後半からは、新しく再征服された土地が増えたり、都市が発達したりして農地を離れて移住するチャンスが広がっていったため、農地経営に危機感を持った領主層が、農民を土地に縛りつけようとさまざまな圧力を加えるようになってくる。もめごとがあれば自らに有利な裁定を下して農地を取り上げたり、不作の年には借金のかたに農地を取ったりした。そしてやがては、一定の金（ラメンサ）を支払わなければ領主の農地から離れることができないラメンサ農民という農奴に近い身分の農民層が誕生して来る。

領主のラメンサ農民支配は、大変厳しいものであった。「悪習慣」という名で知られる領主特権には主に次の五つがある。

・農民が遺言を残さずに死んだ場合には、領主は農民の動産や家畜の一部を得ることができる。
・跡継ぎを残さなかった農民は処罰できる。
・密通を働いた女性の財産の半分または全部を取り上げることができる。
・娘の持参金のために家を担保に入れた場合は一定の額を領主に払わねばならない。
・農民が罪や間違いを犯した場合には、領主は体罰を加えることができる。

いやはや、少なくともラメンサ農民にとっては中世はまさに暗黒時代である。しかも、このほかに教会に収穫の十分の一を納める十分の一税が課せられていたのである。カタルーニャの統一が意識されようと、あるいはフランクの支配から独立しようと、彼らにとっては、どうでもいいことだっただろう。

また、領主によって、このような厳しい扱いを受けていた農民たちは、理屈では封建貴族の上に立っているはずの王(この場合はバルセロナ伯)に一縷《いちる》の望みをかけた。王を神格化し、王がいつか悪い貴族をやっつけてくれるという幻想を抱いたのである。一方、王権が安定せず、貴族たちの不服従に手を焼いていた王のほうも、これを利用し、貴族たちの勢力を削《そ》ぐための一手段とするようになる。この関係は、その後、歴史の中でなんども表面に姿を現すことになるのである。

カタルーニャ・アラゴン連合王国誕生

ラモン・バランゲー三世の子、ラモン・バランゲー四世（在位一一三一～六二）が伯位を継いだころ、隣国のアラゴンは大揺れに揺れていた。

「合戦王」とあだ名されたアラゴン王アルフォンソ一世が、世継ぎを残さずに死んでしまったのである。しかも、その遺言では、全領土を聖墳墓騎士団、オスピタル騎士団、テンプル騎士団に寄贈するということになっていた。要するに王国の解体であり、家臣としてはとうてい承服できない内容であった。

急遽《きゅうきょ》跡継ぎ探しがはじまった。

血筋として権利があるのは弟のラミロだけである。しかし、ラミロは俗事を嫌って出家してしまっていた。

家臣たちは、修道院にこもったラミロの許に日参して、世継ぎの件が解決するまででよいから、なんとか王位に就いてくれないかと懇願した。

これほど解決を焦る理由は、アラゴン王国の西隣のカスティーリャ王国にあった。カスティーリャ王国は国土の再征服が進み、今や領土的野心の旺盛な危険な隣人と化していたのである。現に、カスティーリャはアラゴン国内の混乱に乗じて、国境を成すエブロ川流域にまで兵を進めていた。居座る気配である。

祖国存亡の機に、さすがのラミロも折れた。

ラミロ二世として即位してからの彼の行動は素早かった。よっぽど早く僧侶の生活に戻りたかったのであろう。

まず、ポワティエのアグネスと結婚し、パルネリャという娘をもうけた。ここまでで約一年であるから、まさに最短距離である。子どもはできたものの、残念ながら男子ではなかったので、慎重に嫁ぎ先を考えねばならない。

ラミロ二世が目をつけたのは、東の隣人カタルーニャであった。カタルーニャはラモン・バランゲー三世のときに基礎がほぼ固まり、ラモン・バランゲー四世の代になって、政治は安定している。人口も増え、周辺の属国からの貢ぎ物もあり、豊かになりつつある。今後は、南方への領土の拡大や、地中海方面への発展も期待できる。未だ小国ではあるが、有望株である。

娘はほんの二歳の赤ん坊。相手のバルセロナ伯は二十四歳の立派な大人である。愛があれば歳《とし》の差なんて――ではない。愛がなくても、歳の差があっても、そんなことは関係ない。お国のためになるならば、である。そんなことは中世ヨーロッパでは日常茶飯事であった。そして、なによりも自分が僧籍に戻るための解決法はほかに見当たらないのである。

娘と婿の歳の差からしても、国の現状からしても、カタルーニャに主導権があるのは明らかである。家臣の間には、当然、この婚姻に対する反対はあった。しかし、代替案がない以上、そして狼《おおかみ》がすぐ川の向こうに迫っている以上、誰も反対しつづけることはできなかったのである。王権が絶対的であるカスティーリャ王国よりも、王と家臣の間の協約主義が伝統的に根づいているカタルーニャのほうが与《くみ》しやすしと見たのも確かだろう。

こうして一一三七年、パルネリャとラモン・バランゲー四世の婚約が成立、カタルーニャ・アラゴン連合王国が誕生することになったのである。

ラモン・バランゲー四世は、歴代のバルセロナ伯の中でも名君と評判の高い人物である。「聖王」とあだ名されるほどであった。実際、領土的にも大いにカタルーニャを発展させたし、貴族たちを押さえてカタルーニャの「王権」を磐石《ばんじゃく》なものにした。しかし、なによりも大きな功績は、この棚からぼたもちである結婚を受け入れたことであった。

アラゴン王国の存続以外にも、この結婚が、アラゴン、カタルーニャ双方にもたらした利益は大きかった。

ラモン・バランゲー４世とパルネリャ

まず、アラゴンは地中海への出口を得ることになる。また、牧羊、農業中心のアラゴン経済と、発展しつつあったカタルーニャの商業は互いに補いあう部分が多かった。

さらに、カタルーニャにとって、強力なカスティーリャ王国との間にアラゴンという友好国を持つことの利益は大きかった。なによりも、将来、飛躍を望むとすれば、カタルーニャの当時の規模は小さすぎた。アラゴンとの連合によって、規模的にも十分大国となりうる条件が整うのである。

こうして、ラモン・バランゲー四世の実質的な支配下にカタルーニャ・アラゴン連合王国が成立はしたが、形式上はあくまでもアラゴンとカタルーニャは別の国であり、アラゴン議会はサラゴサで、カタルーニャ議会はバルセロナで開かれ、ラモン・バランゲー四世はどちらにも出席したのである。

二十歳以上も歳の離れた二人ではあったが、パルネリャが成人してからの二人の夫婦仲は極めてよく、多くの子孫を残すことになった。


ラモン・バランゲー四世の没後、跡を継いだのは長男のラモン、八歳であった。もちろん、幼少のうちは、母パルネリャとその取り巻きであるアラゴン貴族たちの言うなりであった。パルネリャは、夫の存命中は大っぴらにできなかったアラゴンびいきをここぞとばかりに発揮する。ついには、夫の名を取ってつけた息子の名ラモンを、よりアラゴン風のアルフォンソと変えてしまった。

ラモン・バランゲー四世は婚姻によって実質的にカタルーニャ・アラゴンの王となったわけだが、パルネリャと彼の長男であるアルフォンソこそはアラゴン王家とバルセロナ伯家の血を引く、初代のカタルーニャ・アラゴン連合王国国王なのである。アルフォンソはカタルーニャではアルフォンス一世、アラゴンでは、アルフォンソ一世「合戦王」がすでにいるので、アルフォンソ二世として即位した。

アルフォンス一世（在位一一六二〜九六）は、おとなしく温厚な性格であった。文芸を愛し、宮廷に吟遊詩人らを集め、当時流行していたプロバンス語の詩を楽しんだ。

領土を拡大しようという野心よりは、父から受け継いだものを守ろうという守りの姿勢が目立った。また、内政においては、すでに述べた「神の平和と休戦」会議を利用して、貴族勢力を押さえ、安定化に努めた。

暴れん坊、ペラ一世

父親のアルフォンス一世は慎重で保守的な王だったが、息子のペラ一世（アラゴン王ペドロ二世、在位一一九六〜一二一三）は父親とは似ても似つかない暴れん坊だった。

あるいはカスティーリャ王国生まれの母親サンサの気性が激しく、こちらに似てしまったのかもしれない。いずれにせよ、母親の影響を強く受けていたことは確かなようである。カスティーリャ王国がイスラム教徒のアルモアデ軍（ムワヒッド朝軍）に決定的勝利を収めたトレド南方のラス・ナバス・デ・トロサの戦い（一二一二）に参戦したのも母親の影響だといわれているほどである。

マザコン男は、極端な女嫌いか、極端な女好きが多いという説があるらしい。少なくとも後者のケースについては、ペラ一世がその好例を提供してくれている。

彼は、その生涯の命運を賭けた「ミュレの戦い」（一二一三）の前夜も、愛人と一緒に過ご

「マリー・ド・モンペリエの息子ジャウマ１世に捧ぐ」モンペリエの碑文

し、翌朝の、出陣のミサのときに、疲労が顕著であった、と息子のジャウマ一世が著した年代記に書かれている。ただし、この息子は父親に相当ひどい仕打ちを受け、父親を愛していたとはとうてい思えない節があるので、額面通りには受け取れないかもしれないが。

ところがこのペラ、なぜかお妃のマリア（モンペリエ伯）には見向きもしなかった。よほど相性が悪かったのかもしれぬが、マリアとの結婚は領土拡大のための政略結婚であると割り切っていたためとも考えられる。ペラは、マリアの前にナバラ王国の王女コンスタンサと結婚しようとしている。ナバラ王国の王位を狙っていたのである。しかし、この結婚は教皇の同意が得られず流れる。また、マリアとの結婚後も、結婚を解消して、エルサレム王国の女王と結婚しようとするが、このときも教皇の承認が得られずに終わる。要するに、当時のすべての王侯貴族同様、彼にとっては結婚とは領土拡張の手段にすぎなかったということなのだ。

その点、男と女は立場も違えば考え方も違う。

マリアはなんとかしてペラの跡継ぎを産みたいと思った。そこで、一計を案じた。

ある日、ペラは所用で（王妃に会いに来たのではない）王妃のいるモンペリエにやってきた。宿は王妃宅ではなく郊外の館。もちろん閨《ねや》に呼ばれたのは別の女である。

これを知った王妃は、この女と入れ替わって王のベッドに入ることにした。買収したのか、力ずくだったのかは明らかではない。

そんなことをしても、仮面をかぶっているわけでもなし、すぐにばれてしまうと思われるかもしれない。しかし、中世の暗闇は限りなく深いのである。一度灯を消してしまえば、鼻をつままれてもわからない、ということば通りの闇である。声さえ出さねば相手が誰だかわからない。いや、声を出したところで王妃の嬌声《きょうせい》に馴染《なじ》みのない王には多分わからなかっただろう。

ともかくも、王妃マリアの企《たくら》みは成功した。そして、事の間中ずっと、ドアの陰で祈りつづけていた忠実な侍女の願いが通じたのか、見事に懐妊したのである。このとき身ごもったのが、後のジャウマ一世なのだから、歴史の流れさえ変えてしまう女の執念のすごさをあらためて見せつけられる思いがする。

翌朝、朝の光の中では、もちろん同衾《どうきん》者の正体はばれてしまう。

王はそのときどうしたのか。王妃の熱意に感動したのか、あるいは日ごろ他の愛人相手に振るっていた腕前を妻に知られたのがきまり悪かったのか、さすがの王も怒ることはなかったという。ただし、これで王妃とのよりが戻ったというわけではない。

カタルーニャの南仏政策

現在でも東ピレネー山脈を挟んで南北に広がる地域に住む人々のことばや習慣はよく似ている。三〇〇〇メートル級の山もあるピレネーだが、この山脈は思ったほど自然の国境の役目は果たしていない。季節さえ良ければ南北の人の往来はかなり自由である。国境近くの村へ行けば、おじいさんやおばあさんが、ごく当たり前の顔で、フランス語、カタルーニャ語、スペイン語を相手によって使い分けている。ユーロ以前には、村の雑貨屋でさえスペイン・ペセタとフランス・フランをうまく使い分けてミニ投機さえしていたのである。

フランスとスペインという国家によってピレネーに人工的な国境が設けられる以前の中世には、その違いはさらに小さかった。

カタルーニャ王家の王たちは、現在の南仏オクシタニアとカタルーニャを当然のごとく、一つのまとまった領土と考えていた。そして、このまとまりを確かなものにするために、代々、オクシタニアの諸侯と姻戚関係を結ぶなどして外交政策に心を砕いていた。

これをつねづね苦々しく思っていた連中があった。北のフランク人たちである。彼らは、すきあらば介入して、オクシタニアをフランス王国の領土にしようと考えていた。

カペー朝のフィリップ二世（在位一一八〇〜一二二三）のとき、願ってもないチャンスが訪れた。

ときのローマ教皇インノケンチウス三世が、オクシタニア一帯に広がったキリスト教異端カタリ派（中心地の一つアルビの名をとってアルビジョワ派とも呼ばれる）に対し十字軍を組織することを決定したのである。

ここで少し横道にそれて、このカタリ派について見てみたい。（以下の記述では堀田善衛《ほったよしえ》氏の小説『路上の人』等を参考にさせていただいた。）

アルビ、フォア、カルカソンヌなどの南仏の都市を車で旅行していると、途中、そびえ立つ岩山の上に城の残骸を見かけることがしばしばある。難攻不落どころではない。人間よりも、鷲《わし》や鷹の領分に属すると思われるような土地である。どうやって石材をそこまで引き上げたものか。

このような城の多くがカタリ派のオクシタニア諸侯によって建造されたものだ。激しい弾圧に対抗するためにこのような場所が選ばれた。そして不可能を可能にしたのは、例によって信仰の力だったのである。

では、カタリ派はどうしてローマ・カトリックから異端とみなされ、ときによっては異教のユダヤ教、イスラム教に対するよりも厳しい態度で弾圧されたのか。

カタリ派では、すべてを善・悪のどちらかに分類する。精神、そしてあの世的なものは善である。肉体、物質、そしてこの世的なものは悪。当然、肉欲、肉食、私有、権力などは悪である。また、悪である肉体の行う契約、裁判なども悪である。したがって、従来カトリックで秘跡とされて来た洗礼、婚姻、終油なども認めない。極力、物質的な満足を排して、原始キリスト教会のような、極端な清貧を旨とする。

これだけならば、まだ、ラジカルな狂信者の集まりとして放置されていたかもしれない。しかし、カタリ派の、教会は世俗的なことに首を突っ込むべきではないという主張にいたってはとうていこれを許すことはできない。

しかも、その信奉者は、商人、職人、果ては貴族にまでますます広がっていく（なかには、婚姻の否定イコール愛人を囲うことの推奨と曲解して、入信する不届き者がないことはなかったが）。

カトリック側が躍起になってカタリ派を弾圧しようとしたのは、自らにやましいところがあるからにほかならない。聖職売買、免罪符の販売、妻帯、とやりたい放題。大修道院の院長ともなれば、封建領主と寸分違わぬ豪奢《ごうしゃ》で放逸な生活を送ることもできた。「司祭は泥棒なり」ということばさえ生まれたのである。

その頂点にあるのがローマ教皇である。宗教的権威、破門を武器に、王侯貴族を意のままに翻弄し、十字軍の名を借りては自らの権益を拡大していく。インノケンチウス三世こそは、イギリス王ジョンを破門し、フランス王フィリップ二世に破門に準ずる罰を加えるなど、その武器を最大限に活用して中世最強の教皇となった人であった。教会が世俗的なことに首を突っ込まない？　インノケンチウス三世から世俗的な部分を取り除いたらいったいどれほどのものが残ったことだろう。

現代の読者は、王侯貴族はなぜ「破門」などを恐れたのだろうと思うかもしれない。王侯貴族に限らず、上から下まで中世人にとって「破門」ほど恐ろしいものはなかったのである。中世を現代の常識で推し量ってはならない。中世ヨーロッパにおいては、キリスト教イコール社会、世の中だったのである。教会から破門を言い渡されたら、まず共同体の教会に行くことができない。その墓地にも埋葬してもらえない。農民であれば、彼の作った作物は汚《けが》れたものとして買ってはもらえない。すなわち社会から放逐されることになるのである。これは王侯貴族とて同じことである。

かくして、ローマ教皇はついに目の上のたんこぶを永久に取り去ることを決意したのである。これでオクシタニアを攻める大義名分ができたフランス王、フランス王国の諸侯は大喜び。虐殺、略奪のしたい放題、なにしろ相手は異端の信徒なのだから教皇様のお墨付きである。おまけに占領した土地は自分たちの領土に編入できるときている。奮い立たぬわけはない。

ベジエ、カルカソンヌなどの都市が次々に血祭りにあげられた。ベジエでは実に二万人の老若男女が見境なく虐殺されたという（一二〇九）。

このアルビジョワ十字軍を率いたのが大貴族シモン・ドゥ・モンフォール。

彼は攻撃に先立って、

「誰が神の下僕《しもべ》かは、神自身が判断なさるだろう」

と言い放ったという。いい気なものである。

さて困ってしまったのはペラ一世である。なにせ相手は教皇のお墨付きを持った十字軍。オクシタニアの権益を守ろうとすれば、教皇に楯突《たてつ》いて異端の徒に荷担することになってしまう。現に、王の娘婿、トゥールーズ伯レーモン六世は教皇に破門されてしまっているのである。

ペラ一世は「カトリック王」というあだ名を贈られている。しかし、王が特に敬虔なカトリック信者だったというわけではない。単に、戴冠式をローマで、教皇の手でとり行ってもらったというにすぎない。もちろん、ただではない。教皇に莫大《ばくだい》な寄進が必要だった。なぜ、そこまでしてローマで戴冠式を行わねばならなかったのか。一つには、王の派手好き、見栄《みえ》っ張《ぱ》りな性格がある。もう一つは、マリョルカ島のイスラム教徒に対する十字軍を組織するお墨付きが狙いだったともいわれている。また、アラゴン、カタルーニャどちらかの都市で戴冠式を行うと新たな争いの元になるからローマにしたのだ、という説もある。いずれにせよ、ローマでの戴冠式は莫大な出費であり、カタルーニャではひどく評判が悪かった。

敬虔なカトリック教徒ではないが、やはり破門は困る。

ペラ一世は、あまり効果は期待できそうもないと知りつつも、懐柔策に出た。敵の大将シモン・ドゥ・モンフォールの娘婿として、幼いジャウマ(モンペリエのマリアとの子)を差し出したのである。ジャウマは、どこから見ても人質にほかならない。

予想通り、この懐柔策は失敗に終わった。結局全面対決は避けられないこととなったのである。

十字軍に逆らってでもオクシタニアを守ろうと腹をくくったペラ一世は、一二一三年一月二十七日、トゥールーズ伯レーモン六世の要請に応じて、トゥールーズへ赴く。ここで、トゥールーズ伯、フォア伯、コマンジュ伯、そしてトゥールーズ市民に忠誠を誓わせ、オクシタニアの実質的領有権を手中にする。

1213年当時のカタルーニャとオクシタニア

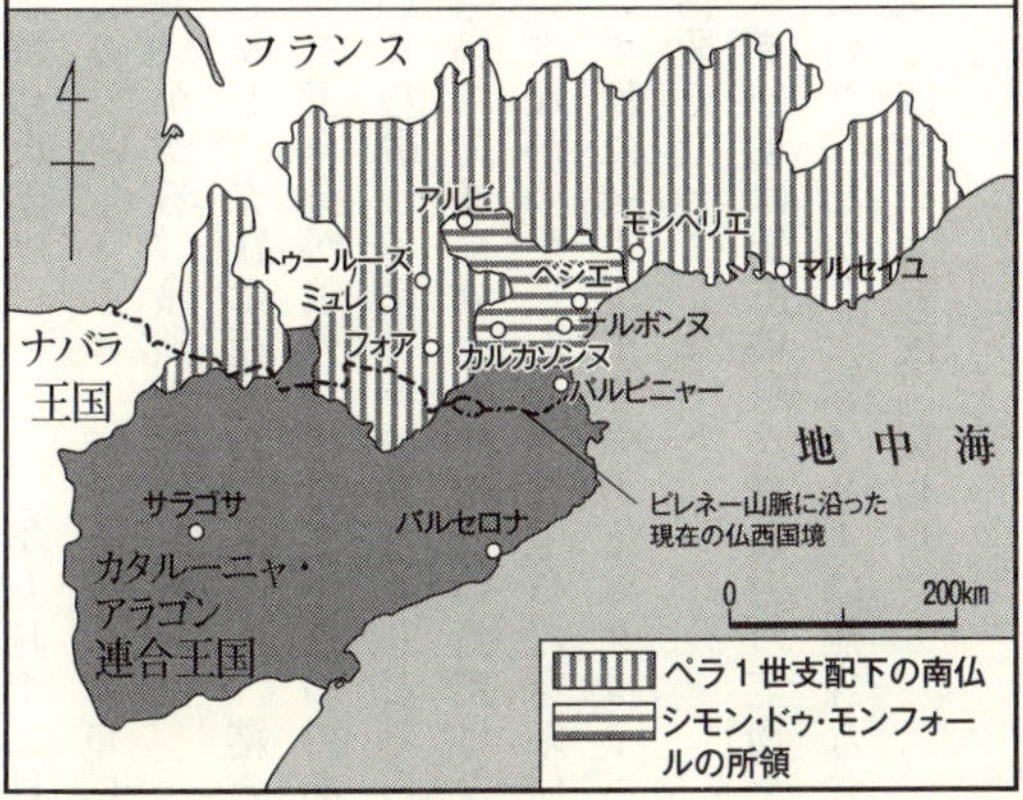

しかし、この栄光が、束《つか》の間のものであることは、王自身が一番よく知っていた。ある意味では、これはやけっぱちの決断だった。うじうじと悩むことの嫌いなペラ一世らしい決定であると言えるのかもしれない。

だが、窮《きゅう》鼠《そ》猫を噛むということわざもある。完全な勝利は無理でもひょっとすると有利な条件で講和が結べないとも限らない。王はそのわずかの可能性に賭けた。

戦闘の火蓋は、一二一三年九月十二日、トゥールーズ防備の要《かなめ》、ミュレで切って落とされた。守るシモン・ドゥ・モンフォール軍に、ペラ一世率いるカタルーニャ・オクシタニア連合軍が襲いかかる。熾烈《しれつ》を極める戦いだ。

しかし、奇跡は起こらなかった。結末はあっけなかった。

ペラ王自身が戦死してしまったのである。

いくら騎士道精神華やかなりしころの中世とはいえ、総司令官たるペラ王が、文字通り「軍を率いて先頭に立った」のはいただけない。側近も必死に止めたのだが、猪突猛進《ちょとつもうしん》型の王は耳を貸さなかった。あるいは、負けを確信した自殺的行為だったのだろうか。

いずれにせよ、王を失ったカタルーニャ・オクシタニア連合軍は総崩れ。目を覆わんばかりの惨敗となってしまった。

ペラ一世は領内の町々や教会の宝物を担保にして戦費をかき集めてこの一世一代の決戦に臨んでいた。しかし、しょせんは無謀な企てだった。王の曽孫にあたるジャウマ二世は「正気の沙汰ではない」と後に記した。

ペラ一世の蛮勇は、その死ばかりか、カタルーニャのオクシタニア政策の終焉《しゅうえん》自体をもたらした。オクシタニアはこれ以降、フランス王国にがっちりと組み込まれてしまい、二度とカタルーニャと融合することはなかったのである。

3 「征服王」ジャウマ一世

王子ジャウマの誕生

ジャウマ一世（一二〇八～七六）の一生は誕生の直後から一つのドラマだった。

まず、ファースト・ショットは、揺りかごに寝ている赤ん坊をカメラが映し出す。

カメラはどうも屋根裏に据えられているようだ。

前景に二本の黒い腕が現れる。その手の先には大きな石が……。いったい、どうしようというのだ。まさか……。そう、そのまさかだ。石がゆっくりと手を離れる。赤ん坊の小さな頭をめがけてスローモーションで落ちていく。

画面が変わり、カメラは水平の位置から、揺りかごに近づいてくる乳母をとらえる。いかにも愛《いと》おしいという表情で赤ん坊のジャウマを抱き上げる。

その瞬間、大きな石が、今まで頭のあったところに音を立てて落ちて来る。

乳母の悲鳴。

「賊だ、賊だ、出会え、出会え！」

大声で叫ぶ侍従たちの声。

気がふれたようになって駆けつける母の王妃マリア。


母の苦心の末に生を享《う》けたジャウマの誕生も、王位を虎視眈々《こしたんたん》と狙う父方の叔父たち、母の義理の兄弟たちにとってはまことに喜ばしからざる出来事だった。この事件の犯人は、彼らのうちの誰でもおかしくはなかった。

しかし、ジャウマは強運の人だった。彼は数々の危機、逆境を乗り越えて、実に六十年余にわたりカタルーニャ・アラゴン連合王国の王として君臨することになるのである。そしてそれは栄光の中世カタルーニャ帝国のまさに幕開けのときだった。


ジャウマの母マリアはモンペリエ伯爵とビザンツ王女の娘という名家の出であった。二十三歳のときには、すでに二回の離婚歴があった。

そして、三回目の政略結婚の相手のペラ一世にうとんじられていたことはすでに書いた。別にマリアが特に不幸であったわけではない。当時の王女の大半は同じ運命の下にあったのである。彼女自身、それが当然だと思っていただろう。小さいころからそう言い聞かされて育ち、また、まわりの親戚、友人がそういう人生を送っているのを見聞きしていれば、疑問を差し挟む余地などない。

しかし、配偶者との愛など考えたこともないマリアも、子どもが欲しいという動物的な本能に逆らうことはできなかった。しかも、愛されてはいないとはいえ、相手は当時名高い勇者であったペラ一世である。冷静に、客観的に見れば向こう見ずのおっちょこちょいで一国の王としてはどうかと思われる面も多々あるが、一匹の「牡《おす》」としてはたのもしくも、魅力的にも見えたはずだ。

いや、それとも、単に領土財産を相続する跡継ぎを自分の血筋から出したいという計算、または政治的本能だったのだろうか。

いずれにしても、マリアは生まれてきた赤ん坊に母としてすべての愛情を注いだ。それは、彼女の一生のうちで、最初で最後の純粋な愛情だったかもしれない。

しかし、ジャウマの幸福な日々はわずか三年しか続かなかった。対カタリ派十字軍対策に苦慮した父ペラ一世は、幼いジャウマを十字軍の総司令官シモン・ドゥ・モンフォールに人質として差し出すことにしたのである。

前述のとおり、この懐柔策は失敗に終わり、カタルーニャ・アラゴン連合王国と十字軍は戦闘に突入。ペラ一世はミュレの戦いで戦死してしまう。

ジャウマ、五歳のときのことである。

しかも、母もその数ヵ月後に他界する。

三歳で生き別れになっていた母親にジャウマがどれほど愛情を持っていたかはわからない。ほとんど記憶がなかったのかもしれない。しかし、ジャウマは、のちに成人してから、母の愛情をしみじみと確認することになる。

ペラ一世の死、すなわち十字軍の勝利とともに、ジャウマは微妙な立場に立たされた。もはや人質としての価値がなくなった以上、その運命は悲観せざるを得ないものであった。事実、シモン・ドゥ・モンフォールは、カタルーニャ側の引き渡し要求をにべもなくはねつける。

風前の灯《ともしび》とも思われたジャウマの命を救ったのは、教皇インノケンチウス三世の介入だった。母マリアはその遺言で、ジャウマの保護を教皇に託していたのである。インノケンチウス三世は、マリアの境遇を哀れみ、幼くして捕らわれの身となったジャウマを不憫《ふびん》に思っていたので、この望みを聞き入れていたのである(もちろん、それなりの報酬はあったのであろうが)。十字軍の長としては、教皇の意思に逆らうことはできない。ジャウマは解放され、アラゴンのテンプル騎士団の許に預けられることになった。

こうしてジャウマは、ある日突然、南フランスの城からアラゴンの堅牢《けんろう》なモンソー城に移される。幼い彼には、なんのことだかさっぱりわからなかっただろう。しかし、今まで周囲にいた冷淡で、ときにはジャウマをいじめることさえあった人々が、厳しい面持ちながらもどこか愛情を感じさせる人々に変わったことは、わかった。物心ついて以来、冷たい人間関係しか知らなかったジャウマが、愛情というものの存在に気づいた瞬間である。

モンソー城では、王として丁重に扱われた。待遇も、シモン・ドゥ・モンフォールの下にいたときとは雲泥の差である。そして、帝王学もみっちりとしこまれたことは言うまでもない。

ジャウマが帝王学を学ぶ機関としてテンプル騎士団ほどふさわしい場所はなかった。テンプル騎士団が、イスラム教徒に対する十字軍の中心を担っていた騎士団だったからである。

乗馬、剣術などの武道や戦術・戦略などはもちろんであったが、なによりも重要だったのは、熱狂的なまでの反イスラム教思想であった。王はここで、その後展開される熾烈な国土回復運動を戦い抜くための強靭《きょうじん》な精神的基礎を叩きこまれることになったのである。

このような環境に育ったジャウマは早くも十三歳で騎士に列せられている。そしてその直後にアラゴンの隣のカスティーリャ王国の王女エリオノールと結婚している（させられている）。後にジャウマ一世は、中世では珍しい自伝的年代記『事実の書』を著すのだが、その中で、この結婚についてこう述べている。

王妃とはそれから一年ほど、夫が妻とする

ジャウマ１世『事実の書』の１ページ

ことをまだできなかった。大人でなかったからである。(『征服王ジャウメ一世勲功録』尾崎《おざき》明夫《あきお》、ビセント・バイダル訳、京都大学学術出版会)

幼くして大人の自覚を持ちながらも、肉体がそれについていかない——そんなほろ苦さ、甘酸っぱさを感じさせる回想である。

マリョルカ島征服

騎士となった王が最初に対決しなければならなかった敵は残念なことに、異教徒たちではなかった。王が幼少であるのをいいことに、好き勝手に振る舞う封建領主たちだった。

長年、キリスト教徒の共通の敵はイスラム教徒だと教え込まれてきたジャウマ一世にとって、これは理解に苦しむ現実だった。陸上ではカタルーニャとアラゴンは南辺をイスラム教徒に常に脅かされ、海に目を向ければマリョルカ島のイスラム教徒の海賊のせいで、オリエントの富を指をくわえて見ていなければならない。なぜ、キリスト教徒の領主たちは皆で力を合わせて異教徒を倒そうとしないのか。そうして神の栄光を実現することこそ騎士、貴族たるものの義務ではないか。

純粋なティーンエイジャーの感性を持つ王が、現実社会のどろどろした利害関係になじめないのは当然のことだった。

実際に、王は、十七歳のとき（一二二五）、バレンシアのペニスコラをイスラム教徒から奪回するために軍を起こしている。しかし、諸侯は冷たかった。ほとんど協力を得られずにこの計画は失敗に終わってしまう。

人は失敗から多くを学ぶ。王もこの種の失敗を繰り返すたびに青臭さが抜けて来る。理想主義だけでは人は動かせないということがわかってくる。

王が二十歳になったころのことである。マリョルカ島再征服の計画は、食後の雑談からはじまった。

一二二八年のある日、バルセロナの富豪、ペラ・マルティーの屋敷である。

夕食に招かれたジャウマ一世と主だった家臣たちは、マルティーの用意した山海の珍味に舌鼓を打っている。なかでも評判がよかったのは「ポラーダ」であった。

「ポラーダ」とは、簡単に言えば豚の三枚肉と長ネギの炒め物である。まず輪切りにした長ネギを茹《ゆ》でる。茹で上がったネギを少量のオリーブ油、たっぷりめのラード、豚の三枚肉の塩漬け少々とともに弱火で炒める。よく炒まったところでアーモンド・ミルクと砂糖を一つまみ加える。

これはイベリア半島最古の料理書として知られている『サン・スビの書』に載っている料理である。

ここで例によって脇道にそれることをご了承願いたい。というのも、つい今しがた登場した、十字軍の総司令官シモン・ドゥ・モンフォール家の食料仕入れの細目が残されているからである。当時の食生活を知る一助として概略を記しておきたい（グラント・オーデン著『西洋騎士道事典』堀越孝一《ほりこしこういち》他訳、原書房）。

主な品目は、パン、ワイン、ビール、魚、リンゴ、玉ねぎ、アーモンド、鳥肉、卵、豆類、香料、砂糖、牛乳などである。意外に平凡である。ただし、食客などが多かったらしく、それぞれの品が大量に仕入れられている。魚というのは当時の貴族の食卓では意外に重要で、鱈《たら》、ウナギ、ニシンなどのほか、モンフォール家の買い物帳にはイルカやクジラ（厳密には魚とは言いがたいが）も見られる。これは、キリスト教の四旬節の肉断ちの戒律が厳しく守られ、毎週二、三日は魚料理にせざるを得なかったからである。また、保存状態の悪い肉や魚、あるいは保存のために塩のききすぎた肉や魚の味をなんとかごまかして食べるために大量の香辛料が必要とされていた。

ただし、シモン・ドゥ・モンフォールは英国と縁が深い（息子がレスター伯爵）ため、一家の食生活はカタルーニャの食生活とは必ずしも一致しない。たとえば、ワインは貴族、ジェントルマンだけが飲み、ビールは下級騎士、傭人《ようにん》のためのものであったが、全体的にカタルーニャではワインの消費が中心だった。

さて食事も終わり、香りの良いハーブの入ったリキュールが出されると、主人のマルティーがおもむろにこう切り出した。

「ところでジャウマ殿下、最近のマリョルカ島のモーロ人海賊どもの跳梁《ちょうりょう》には目に余るものがありますな」

ジャウマは、

「そらきた」と微笑《ほほえ》みを浮かべた。

いよいよ今日の饗宴《きょうえん》の本題だ。

「私どもは、バルセロナ、カタルーニャの発展のため、オリエントの品物を運び込もうとしておるのですが、どうもいけません。東へ行こうとすると、どうしても風と海流のせいでマリョルカ島のそばに吸い寄せられてしまいます。

奴隷に漕《こ》がせるガレー船ならなんとかならないこともないのですが、あれは中が狭く、奴隷にやる水を大量に積まねばなりません。しかも、モーロ人たちの三角帆の帆船《はんせん》ときた日には、速いのなんのって、ガレー船でもとても安全というわけにはまいりません」

「何が『バルセロナのため、カタルーニャのため』だ、このタヌキめ」と王は心の中でつぶやくが、すでに十七歳のころのナイーブな王ではない。相変わらず微笑みながらうなずいている。

同席したバルセロナ司教も割って入る。

「聖地エルサレムにつながる海路が、異教徒の手中にあるなどもってのほか、神の栄光を地上に実現するためには、ぜひともマリョルカ島を取り返さねばなりません」

マルティーは「モーロ人海賊」といっているが、彼らは彼ら流の「貿易」をしているにすぎない。キリスト教徒が同じ立場にいたらもっとひどいやり方をするだろう。また、「異教徒」というが、彼らから見れば我々が「異教徒」なのだ。

そんなことはマルティーも司教も、百も承知で言っているのだ。

若い王は食卓の面々を一通り見渡すと、ゆっくりとしゃべりはじめた。

いつのまに身につけたのか、このあたりのタイミングは絶妙である。

「なるほど。お話はよくわかりました。しかし、マリョルカ島は遠い。しかも大きい。カタルーニャの南方の、陸続きの町を一つ落とすのと同じようなわけにはいかない。周到な用意と、十分な兵力、船舶、そしてなによりも軍資金が必要だ」

当時の戦争は近代戦のように国庫だけで遂行されるものではない。

王が戦争をしようと思えばまず、パトロンを集めなければならない。そしてパトロンは、正義感や宗教心で金を出すわけではない。それに見合った見返りがなければ金は集まらない。

そして、マリョルカ島再征服は、商人たちにとって十分すぎる見返りが期待できるプロジェクトだった。

あとは、兵力だ。三年前の遠征では貴族たちの協力が得られずさんざんな目にあったが、そのころとは状況が違う。王の威信も日増しに高まっている。もっとも、まだ十分とは言えないが、そこは商人たちの資金と坊主たちの説教に応援させればよい。

「資金のことはご心配なく、このマルティー、できるだけのことはさせていただきます」

「拙僧も、諸侯に口添えをさせていただきましょう」

教会がからめば話はさらに容易になる。貴族とはいえ、破門には弱い。異教徒討伐に参加しないとなると何を言われるかわかったものではない。

実は王にとってもこの遠征は必要だった。まず、ばらばらの貴族を一つにまとめるには「国家的事業」が必要だ。そして、王として君臨するためには、そろそろ派手な業績を上げなくてはならない。

「よろしい。マリョルカ島を異教徒どもから取り返しましょう」

商談は成立した。

ジャウマ一世の取り巻きや僧たちは、主人のマルティーに戸口まで送られて帰っていった。王は一人館に残ったが誰一人不審な顔をする者はない。

「さあ、殿下、こちらへ」商人マルティーの顔には、どことなく淫靡《いんび》な笑みが浮かんでいる。

「うむ」と短く答えた王は、館の階段をゆっくりと上階へと上がっていく。

廊下に並んだドアのうち、ただ一つだけわずかに開いていて、灯《あか》りが細い扇形を床に描いている。

王は一人である。付き添いはいない。

ジャウマ一世が父、ペラ一世から受け継いだものは、輝く金髪とその長身。そして色好みだった。特に、女好きという点では父をはるかに凌《しの》ぐものがあった。金髪が希少価値を持つイベリア半島では、その威力は抜群である。その上、長身、しかも、今や売り出し中のカタルーニャ・アラゴン連合王国の王である。もてないほうがおかしい。それこそ、手当たり次第という感じであった。

ところがやっかいなことに、王は母マリアから深い信仰心と教皇に対する絶対的な服従心を受け継いでおり、姦通《かんつう》の罪を犯した後は自責の念にとらわれた。だからといってその習慣を止めたわけではなかったが。

父の失ったオクシタニアを取り返し、その仇《かたき》を討つという、当時の貴族としての当然の義務を、教皇庁に対する遠慮から放棄してしまったことからも、その教皇崇拝の度合いが推し量れようというものである。オクシタニア放棄の代償として得たものは、とっくの昔に事実上実現している、フランス王国からの独立の法的追認だけだったのだから。

さて、マリョルカ島再征服という一大プロジェクトがこうしてスタートを切った。

マリョルカ島のイスラム教徒を討ち、地中海を解放するという夢のプロジェクトは、商人のみならず、全バルセロナ市民を熱狂させた。

カタルーニャ貴族たちの間に不協和音がないわけではなかったが、今回は、なんとかその同意をとりつけ、兵力を集めることができた。貴族たちにとっても、参加する兵士たちにとっても、作戦成功の際の見返りは大きかったからである。海に出口を持たないアラゴンの貴族たちは遠征に参加しなかった。

バルセロナから海岸伝いに約一〇〇キロメートルほど南に下ったところにサロウという港町がある。現在は、夏になると英国人観光客が日焼けで真っ赤にはれあがった裸体をさらして集団で闊歩《かっぽ》する観光地である。変化に乏しい、やたらと長い浜辺が続く。視界を遮るのは、海水汚染を確信させる石油タンカー基地ぐらいなものだ。夜になれば、ラウドスピーカーが深夜まで英語の流行歌を垂れ流しにしている。英国人はいったい何がよくてこんなところに来るのだろう。たしかに夏の太陽の暑さだけは一級品なのだが。

一二二九年九月五日、このサロウの遠浅の海の沖を百五十隻の大型帆船が埋め尽くした。ジャウマ一世の自伝的年代記『事実の書』によれば、海面は帆で真っ白になってしまったという。

いざ、マリョルカへ！

艦隊は、五日後にようやくマリョルカ島を目前にした（現在の高速船なら三、四時間である）。

一世一代の大勝負を前に、ジャウマ一世の心中はいかに。

実は、王は一抹の不安を拭いきれないでいた。ここまではなんとか欲得ずくで皆を引っ張っ

マリョルカ島のジャウマ軍の陣地

てこられた。しかし、いざ戦いに臨んで、百戦錬磨の諸侯が自分の号令に従ってくれるだろうか。

そして、王の不安は的中する。

マリョルカの海岸に上陸、王は全軍に「突撃！」の号令をかけた。しかし、軍は動かない。

王の顔面がゆがむ。

さらにもう一度「突撃！」と叫ぶ。

やはり、軍は動かない。

このままでは、王の体面はまる潰れだ。「突撃！」と三度目の悲痛な叫びを上げた。

まず、右翼の隊の騎士たちが顔を見合わせた。そしてなにやら目配せをすると、のそりと前進をはじめた。

そこへ城壁を守るモーロ兵の矢が飛んできて、先頭の兵士の胸を射抜いた。

これがきっかけになった。全軍は「サンタ・マリア」と口々に叫びながら、怒濤《どとう》のように突撃を開始した。

王は、最初の、そしてもっともきわどい賭けに勝ったのである。

戦闘は激しかったが、後は比較的楽だった。勝利が騎士、兵士たちの欲をあおり、欲が次の勝利を呼んだ。そうなれば、王の指導力も信頼性を増してくる。

約三ヵ月の戦闘の後、年末にはマリョルカ島はキリスト教徒の手中に落ちていた。

この勝利で、ジャウマ一世の名はヨーロッパ中に知れ渡った。カタルーニャにジャウマ一世あり。大ブレークである。

とはいうものの、この勝利、実は当然といえば当然の結果だったのである。かたや最盛期を過ぎ、下り坂のイスラム教徒軍、かたや、地中海制覇へ向けてスタートを切るべく勢いにあふれるカタルーニャ軍。指揮官がたとえジャウマ一世でなくとも、結果はそう変わるはずもなかったのである。

しかし、歴史はジャウマ一世に活躍の舞台を与えた。そして、この千両役者は見事に役を演じきってみせたのである。

マリョルカ島征服時の
カタルーニャ兵

一説によれば、このとき、イスラム教徒たちは、キリスト教徒たちの先頭に、光り輝く白馬の騎士の姿を見たという。カタルーニャの守護聖人、サン・ジョルディである。キリスト教徒軍にはあらがいがたい時代の勢いが味方してい

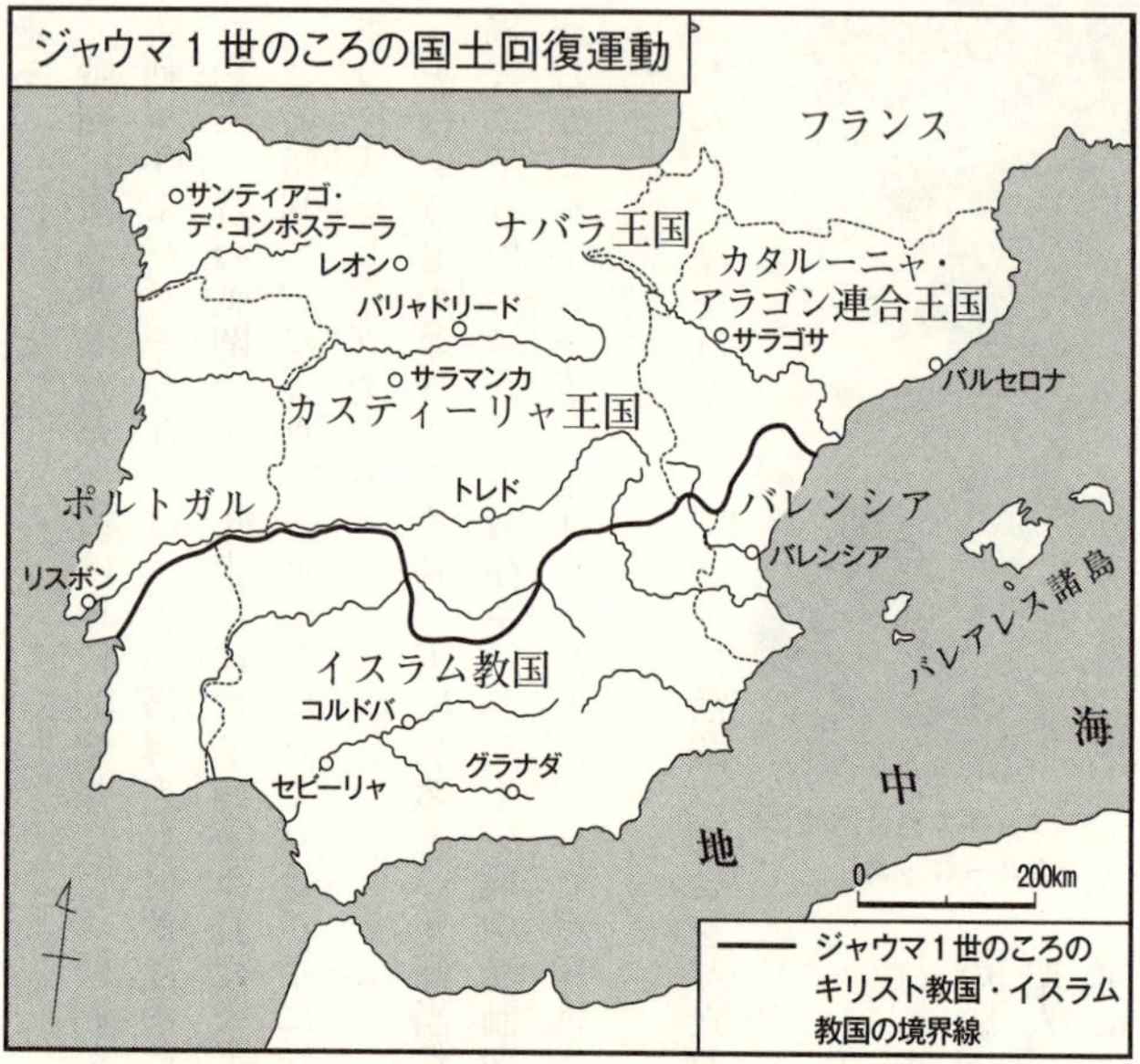

ジャウマ１世のころの国土回復運動

たと考えれば、この幻影もまんざら根拠のないことではなさそうである。

バレンシアの征服

さて、地中海への出口を確保したジャウマ一世に残された課題は、南方のバレンシア再征服だった。

いかに落ち目とはいえ、バレンシアはイスラムの一大王国である。マリョルカ島遠征よりもさらに大掛かりな準備が必要となった。

しかし、今やジャウマ一世は時代の寵児《ちょうじ》、押しも押されもせぬ大スターである。いやでも人は集まって来る。今回の遠征には、内陸のアラゴンの諸侯も積極的に参加を申し出てきた。いわばアラゴンとバレンシアは地続き、これもまた当然のことではあった。

バレンシアの再征服戦は一二三二年にはじまった。まず、アラス、ムレリャなど北部の諸都市が次々と陥落していった。そして一二三五年には、バレンシアからわずか一時間半ほどの地点まで再征服は進展していた。

現代の戦争からすれば、ひどくのろいペースに思えるかもしれないが、当時としては決してそんなことはない。当時の陣取りゲームとしての戦争は、軍事的な占領で終わるのではない。そこに自国の農民を植民し、その生活の安全をある程度保障してやることによって成り立っているのである。植民という既成事実の積み上げによって領有は成立するのである。

入植した農民は新しい土地を与えられるが、必ずしも一〇〇パーセントそこが安全とは限らない。両軍の力関係によっては、イスラム教徒が攻めてきて略奪されるという憂き目にあうかもしれない。イスラム教徒軍が通り過ぎるまで、石造りの塔の中にこもって、じっと堪えていなければならないかもしれない。場合によっては自らが武器をとって戦わねばならないかもしれないのである。

多くの激戦が行われたが、一二三六年のアネザの丘の砦《とりで》の攻防戦も再征服戦末期の激戦の一つだった。

ジャウマ一世は、イスラム教徒が放棄していった砦の修復を命じた。ここに確固たる基地を築くことができれば、バレンシア攻めは格段に容易になる。しかし、それだけに、イスラム教徒の必死の巻き返しにも激しいものがあった。

王は、この戦いで、幼いころから慕ってきた叔父であり、また全軍の実質的な指揮を任せてきたアンテンサ侯バルナット・ギリェムを失ってしまう。そして、その遺骸を前に諸侯に対し、バレンシア落城までは、自分は決して（カタルーニャとバレンシア王国の境を成す）エブロ川を北へ向かって渡ることはないだろうと誓う。

実際、王はこの誓いを守ったのだが、自らのことばに対するこだわりかたには、いささか尋常ではないところがあった。

戦況が圧倒的に有利になり、ジャウマ王は二人目の王妃であるビオラン・ダ・バルを前線基地にまで呼び寄せることにした。彼女がエブロの対岸まで到着したという報告を受け、王は迎えに行く。この辺は、女心の機微に通じたプレイボーイの面目躍如というところである。

ところが、王は、対岸の王妃一行を迎えに行ってこちら岸に連れてこようとは決してしなかった。前述の誓いがあるからである。

エブロを北へは渡らないというのは、もちろん、退却はしない、という意味である。王妃を迎えるために、川を渡ったからといって、王を非難する者があろうはずはなかった。しかし、王は自分のことばにこだわった。その後、王の融通のきかなさかげんに腹を立てた王妃との間に一悶着《ひともんちゃく》あったのは、想像にかたくない。

要するに、頑固者なのである。

もう一つ、王の一徹ぶりを物語るエピソードがある。やはり再征服戦末期のころのことである。とても勝ち目はない、と見たバレンシア王が王の許へ和平案を届けてきた。バレンシアの町からカタルーニャ国境までのすべての川に堅牢な城を建設してジャウマ王に進呈する、しかも、毎年巨額の貢ぎ物をする、という好条件であった。しかし、ジャウマ一世はこの案を一蹴した。目的は目的であり、達成するまで、変更はあり得ないのである。

ジャウマ1世と鷹匠たち

もっとも、王が後に自伝に「まず親鳥を捕れば、自ずと雛《ひな》はついてくる」（前掲書）と書いているように、その裏には案外冷徹な計算もあったはずである。

王は騎士の頭領であり、そうである以上、勇敢さが不可欠な資質であることはいうまでもない。ジャウマ一世はこの点でも申し分のない王になりつつあった。

バレンシア落城目前、ともなると、諸侯には功を焦る気持ちが顕著になってきた。

諸侯の中には、南仏から参加している者もあった。しかし、南仏の軍はイスラム軍との闘いの経験が浅く、その戦術に不慣れなため、それまで大した功績も上げていなかった。バレンシア落城ともなれば、功績の多寡はその後の報奨に露骨に反映されるのは明らかである。南仏勢が焦るのも無理はなかった。

ある日のこと、南仏ナルボンヌからやってきていた軍がイスラム教徒の攻撃を受け、これを見事に撃退した。そこでやめておけばいいものを、勢いに乗ったナルボンヌ兵たちは、イスラム軍の追撃にかかったのである。

カタルーニャ兵なら決してこんなことはしない。なぜならば、退却すると見せかけて敵を城壁近くまでおびき寄せ、城内から繰り出す新手がこれを撃退するというのがイスラム教徒たちの常套《じょうとう》戦術だからである。

小高い丘の上からこれを見ていたジャウマ一世は、「危ない」と思った。そしてすぐさま退却するようにナルボンヌ軍に伝令を送った。

しかし、すっかり熱くなってしまっているナルボンヌ軍司令官は、伝令の言うことなどに耳を貸そうとしない。このままではナルボンヌ軍の全滅は目に見えている。

王は、意を決した。兜をかぶり、馬に飛び乗り拍車をくれて走り出した。

慌てたのは側近たちである。急いで兜をかぶり、槍をひっつかむと王の後に続いた。

いきなりジャウマ一世が最前線に現れたので、ナルボンヌ軍司令官もびっくりしてしまった。まさか、王の忠告を無視するわけにはいかない。しぶしぶ方向転換をして自陣へと退却を開始した。ナルボンヌ軍の破滅はジャウマ王の勇気のおかげで回避されたのである。

何事にも魔が差すということがある。

ジャウマ一世は、このとき、ふと、イスラム教徒軍のほうを振り返った。

そこへ、イスラム兵の放った矢が飛んできて、王の兜を貫通し、頭蓋にまで達したのである。傷はかなり深かった。しかし、ここで王が倒れてしまっては士気に影響する。うまくいきかけている退却が破綻してしまうかもしれない。

ジャウマ一世は、すかさずこの矢を引き抜き、自らのマントで傷口を押さえながら、自陣まで帰還した。そしてテントの中に入るや、どさっと寝台の上に倒れ、失神してしまったのである。

どうも、この話は単なる伝説ではないらしい。というのも、最近掘り返されたジャウマ一世の頭蓋骨にはくっきりと矢傷の跡が残っていたからである。

ジャウマ1世「征服王」

王は自分に厳しかったが、当然、部下にも厳しかった。
少々の傷で戦線を離脱しようものなら、たとえそれが貴族であろうと、遠慮なく首根っこをつかんで引き戻したという。
年代記作家バルナット・ダスクロットは、
「このアラゴン王ジャウマ一世というお方は世界一美男でいらっしゃる。他の男より一〇センチは身長が高く、均整のとれた体のすみずみまで力がみなぎっている。威厳のある血色の良い顔、すっとのびた鼻、大きくて形の良い口、真っ白な歯並びの良い歯はまるで真珠のようだ。鋭い光を放つ目、金糸とみまごう赤い髪、そして広い肩……王は理想に燃えている。武器の扱いに習熟し、強く、勇敢で、しかも寛大だ。すべての者に優しく、情にもろい。王が心から願っていらっしゃること、それはサラセン人に闘いを挑むことだ」(筆者訳)と書いている。容姿端麗(女好き)、敬虔なクリスチャン、頑固者、勇猛果敢……残るは優しく、情にもろいということの例証か。もしかすると、この資質こそが、ジャウマ一世をカタルーニャ史の中でもっとも人気のある王にしているのかもしれない。

アネザの丘の要塞修復も終わり、ジャウマ一世が率いる一隊は移動することになった。荷物をまとめ、野営のテントをたたまねばならない。

ところが、ある兵士がテントをたたもうとすると、長期滞在にテントを建物と勘違いしたツバメが巣をかけていることに気づいた。しかも巣にはヒナがいる。兵士は仲間に、

「ほれ、見ろよ。ツバメのヒナだ、かわいいじゃねえか」

「ほんとだ、テントをたたんじまったら、ひとたまりもねえな。まだ飛べねえんだから。不憫なこっちゃ。だが、どうしようもねえな。移動なんだから」

案の定、

「ほら、そこの二人、なんの無駄話だ。急げ、急げ。日が暮れちまうぞ!」

という隊長の怒鳴り声が飛んできた。

そのとき、そばをたまたまジャウマ一世が馬で通りかかった。王は、二人の兵に話しかけた。

「いったい、どうしたのだ。何を騒いでおる」

兵士たちにとっては、王は雲の上の人、恐れ多くてまともに返事などできるわけもない。ただただかしこまっているばかり。

見かねた隊長が、

「なに、こいつらが無駄話をしていたので、叱りつけてやったまでです」と説明した。

兵士たちは必死の面持ちになって、

「いえ、実は、その……」と言って、テントの上のツバメの巣を指差した。

王も兵士が差す指の先に目をやる。

「ツバメか。不憫じゃのう。ヒナが巣立つまで、出発は延期するぞ」

こう言い置くと、何事もなかったように立ち去ってしまった。

残された兵士たちは顔を見合わせて、安堵《あんど》の笑みを浮かべた。

この話は全軍にたちまち広がった。ある者は、王の優しさを誇りに思った。また、王の幼年時代について知る者は、ツバメのヒナに幼いころのご自分の姿を見たのだろうと噂しあった。

しかし、王の行為を安っぽいセンチメンタリズムだと批判する者は一人もなかった。

中世人はナイーブである。ホイジンガーも言っているように「その感情は激しやすく、涙もろく、心の動きは変わりやすい」のである。そうでなければ「この時代の生活がどんな色合い、どんな輝きを見せていたかを知る」ことはできないのである。

ただし、それと同時に、中世人は自分の物欲もストレートに表現する。

ジャウマ一世が、娘婿であるカスティーリャ王国のアルフォンソ十世賢王のムルシア再征服（一二六五）に協力しながら、征服後のムルシアをアルフォンソ十世になんの代償をも求めずにくれてやったときには、家臣はその底抜けの寛大さを褒《ほ》め称えるよりは、むしろ「惜しい」と不満の声を上げたのだった。

一二三八年九月二十八日、ついにバレンシアは落ちた。

城壁の正門上には、黄色地に四本の血色の筋の入ったカタルーニャ国旗が掲げられた。入城したジャウマ一世は、すぐさま下馬してひざまずくと、バレンシアの大地に口づけした。そして目に涙を浮かべて神に感謝の祈りを捧《ささ》げた。これは当時としてもいささか芝居がかってはいたが、彼がすると不思議にさまになるのであった。

バレンシア征服をもって、カタルーニャの領土回復戦（もともと領土でない土地まで手に入れたのだから「回復」というのは、看板に偽りありだが）はおおむね終了した。

この偉業によって、ジャウマ一世は「征服王」というあだ名で呼ばれるようになった。

ジャウマ一世の治世

王の功績は、独り軍事的な功績にとどまらない。ジャウマ一世の治世は、カタルーニャ社会の一大変革期であった。一口で言うならば、それは都市の時代の到来であった。

再征服が進むにつれて、主な都市に人口が集中しはじめていた。南フランスの反カタリ派十字軍を逃れてきた人や資本がカタルーニャの諸都市、特にバルセロナに流入した。また、大都市では、ギルドに組織された職人や、富裕な商人たちが力を蓄えはじめていた。

靴職人の仕事場

もはや、王侯貴族、僧侶が農民を支配するという図式は崩壊しつつあったのである。王と都市の市民、特に商人との間には密接な関係が築かれつつあった。すでに見たように、王は戦争をしようと思えば大商人の懐をあてにせねばならなかった。そして、王が勝ち取った領土は、そのまま商人の商圏となった。

王が商人や職人を優遇したのには、もう一つ理由があった。封建貴族の牽制《けんせい》である。絶

議会を主宰するジャウマ1世

対王政を布《し》くにいたっていないカタルーニャ・アラゴン連合王国の諸王にとって、封建貴族たちは常に潜在的に危険な存在であった。そして商人、職人たちにとっては封建貴族は自由な取引の障害であったのである。

このような関係を反映して、十三世紀には、ジャウマ一世のイニシアティブで、世界最古の身分制議会の一つ「カタルーニャ議会」(les Corts Catalanes) が生まれている。

議会は、貴族、僧侶に加えて、都市の商人、職人の代表が参加した。もっとも三つの身分が一堂に会するのではなく、それぞれ別々に問題を議論し、結論が出たところで王と交渉する形式になっていた。王の了解をとりつけるには金銭、またはなんらかの交換条件が必要となることもあった。

現在、バルセロナ市を東西(正確には南西―北東)に横切る大通りは、グランビア・ダ・ラス・コルツ・カタラナス(la Granvia de les Corts Catalanes)と呼ばれている。この封建制度から民主主義へ一歩踏み出した制度をカタルーニャ人、そしてバルセロナ市民がいかに誇りに思っているかということの一つの現れである。

また、現在のカタルーニャ自治政府はジャナラリタット（Generalitat）と呼ばれているが、この呼称は、後にこの議会の恒久的代表部として設けられたディプタシオ・ダル・ジャナラル（Diputació del General）がその起源である（一三五九）。この恒久的機関はもちろん、市民の権利を擁護する働きも持ってはいたが、なによりもあまりに頻繁に戦費の調達を必要とする王たちの要請に議会の開催が追いつかず、ついにはこういう形で対応せざるを得なかったというのが実情に近い。

バルセロナ市庁舎

もう一つ、ジャウマ一世の力で誕生したのが、バルセロナの市会「百人議会」（Consell de Cent）である（一二六五）。この市会は、もともとはバルセロナの町内会のような形で存在していたものを統合したものである。当初、二百人程度で開催されていたが、人数が多すぎて実用的でなかったので、百人ということになったのである。バルセロナは、この市会の誕生によって、一時は独立自治都市のような性格を帯びることになる。現在のバルセロナの市議会は、サン・ジャウマ広場にある市庁舎内の「百人議会の間」で行われている。

さて、最後に、ジャウマ一世の制度上の業績として海事法の整備を挙げなければならない。

マリョルカ島を中心とするバレアレス諸島の再征服は、カタルーニャ商人が地中海に向けていっそうの飛躍を遂げる契機となった。主要な港湾都市には、カタルーニャの商務館(Consolat de Mar)が置かれた。商務館はキリスト教国のみならずときにはイスラム教圏にも置かれた。

Libre appellat Consolat de mar. Nouament estampat e corregit. Affegits los capitols e ordinacions dels drets del General. E del dret del pes del senyor Rey. Ab altres coses necessaries: les quals fins al present no eren estades impremides.

『海事法令集』の表紙

商務館には、いろいろなもめごと、紛争の調停が持ち込まれる。そして、その解決の経緯が判例、ノウハウとなって蓄積されていく。それを一冊の本にまとめたものが『海事法令集』である。ジャウマ一世のときに編まれた、この世界最初の海事法令集は、地中海の多くの国、都市で用いられたのである。

ジャウマ一世の晩年

六十歳といえば中世では長寿の部類に入る。還暦を目前に控え、王は公私ともにいまだ健在であった。

私生活では、カスティーリャ王国の貴婦人と浮き名を流した。この件はローマ教皇の耳に入り、王は教皇から厳しい叱責を受けた。教皇崇拝者である王はしゅんとしてしまったが、その代わり（と言ってはなんだが）教皇に告解の秘密を漏らしたジロナの司教の舌をちょん切らせた。これがまた教皇の逆鱗《げきりん》に触れてしまった。

王は、教皇のご機嫌を取るべく、そしてまた、自ら騎士としての最後の一花を咲かすべく、なんと、聖地エルサレム征服という一大プロジェクトに挑戦する。

家族の者は、この「年寄りの冷や水」には大反対であった。しかし、王は決心を変えようとはしない。（名うての頑固者であることを思い出して欲しい。）

一二六九年九月四日、三隻の大型船、十二隻のガレー船などからなる船隊を率いてジャウマ一世はバルセロナ港を出航した。

しかし、航海はわずか五日で終了してしまった。大嵐にあい、艦隊は大被害を受けて散り散り。王は南仏はプロバンス地方の海岸に命からがらたどりついた。

老父の身を案じて駆けつけた皇太子ペラとひしと抱き合った王の姿には、どこかドン・キホーテを思わせるものがあった。もっとも、ドン・キホーテの誕生は、これからさらに何百年も後のことではあるが。

さて、この一代の風雲児の人生にも終わりがやってくる。

一二七六年、バレンシア南部のイスラム教徒の暴動鎮圧に失敗したジャウマ一世は、戦士としての自らの人生に見切りをつけ、修道士となるためにバレンシア経由、プブレットの修道院へと向かった。しかし、運命は彼の出家を許さず、騎士として死ぬことを強いた。体の変調を訴え療養のため立ち寄ったバレンシアのベッドの上で息を引き取ったのである。

幼いころから、激しい政争に翻弄され、成人してからは幾度となく死地を潜《くぐ》り抜けてきた王としては、その死はあっけないほど平凡なものだった。

王がカタルーニャ史に残した功績は実に輝かしいものである。しかし、王はその死に際して、一つ大きな過ちを犯した。

4 地中海の覇者

シチリア攻略

偉大なるジャウマ一世の犯した大きな間違いとは、領土を二人の息子ペラとジャウマに分割して与えたことであった。

国を分割すれば国力は低下する。二人の息子にまったく同じものを遺《のこ》すことができない以上、どちらにも不満が生じるのは避けられない。不和の種を蒔《ま》くようなものである。それぐらいのことがわからぬ王ではなかったはずだが、やはり、老いのせいか、あるいはなにかと王に逆らうことの多かった長子ペラよりも次男のほうが可愛かったためか。

ペラ（一二四〇～八五）は、カタルーニャ、アラゴン、バレンシアを相続し、ペラ二世（ペドロ三世）となった。ジャウマ（一二四三～一三一一）は、マリョルカ王ジャウマ二世としてマリョルカ、ルサリョー、サルダーニャ、モンペリエを領有することになった。

ペラは大いに不満であった。そして、不満をいつまでもくすぶらせておくタイプの人間ではなかった。すぐさま三歳年下の弟に強烈な圧力をかけ、王の位にはとどめておくものの、兄に対して家臣として忠誠を誓うことを承知させた。

ペラは、父のジャウマ一世のような感傷主義も宗教的敬虔さも持ち合わせていなかった。ジャウマのそのような性格が、不遇な幼年時代の賜物であるとするならば、ペラにそのような面が見られなかったのも当然のことであった。

Petrus. Dei gracia Rex aragon. fidelibus suis probis hominibus et universitati civium barchinone salutem et graciam. Recordamur supplicacionem et preces quas apud nos aliquociens interposuistis pro relaxando interdicto seu prohibicione per nos facta de non extrahendis membris
ペラ2世

カタルーニャ・アラゴン連合王国として、国土回復運動を達成し、キリスト教世界に名君の名を轟《とどろ》かせていたジャウマ一世の皇太子として、ペラは何一つ不足のない満ち足りた幼年期を送った。また、若いころから国政に参加し、自分が人々に敬われることを当然と思って育ったのである。おぼっちゃまなのである。欲しいものは欲しい。相手がウンと言わなければ腕力にものを言わせてでも手に入れる。それが彼のやり方だった。

ペラは皇太子時代に、シチリアの王女コンスタンサと結婚した。

このコンスタンサは実に薄幸の王女だった。父のシチリア王マンフレディは一二六六年、シチリアに侵入してきたフランスのアンジュー家のシャルルによって殺害され、母や兄弟も獄死している。

ペラは育ちがいいだけに、一本気であった。いつかは妻の恨みを晴らそう、シチリアを取り戻してやろうと考えていた。もちろん、シチリアがオリエントとの貿易の要衝であったこと、シチリア攻略がカタルーニャの地中海帝国建設の重要な一歩であることは、十分意識していたではあろうが。

シチリア攻撃は極秘であった。ペラ二世率いる船団は、まず、チュニジアへ同盟国の援軍に赴く。しかしこれはいわば口実で、チュニジアの一件がかたづいた後、王はシチリア遠征のきっかけを待っていた。

折も折、そこへシチリアからの使者が到着した。

シチリアはアンジュー家の支配がはじまって以来、その圧政に苦しんでいた。駐屯するフランス兵はしたい放題の乱暴狼藉を働いていた。

ある日、パレルモ郊外のサン・エスペリにピクニックに来ていた若者の集団をフランス兵が襲い、一人の娘を犯した。これがきっかけとなり、シチリア人の怒りが爆発した。ついにシチリア住民は立ち上がり、大暴動へと発展したのである。駐屯軍は多数の住民の手によって、壊滅的な被害を受けた。

しかし、アンジュー家が黙っているわけはない。ギリシャ遠征のために準備していた大艦隊

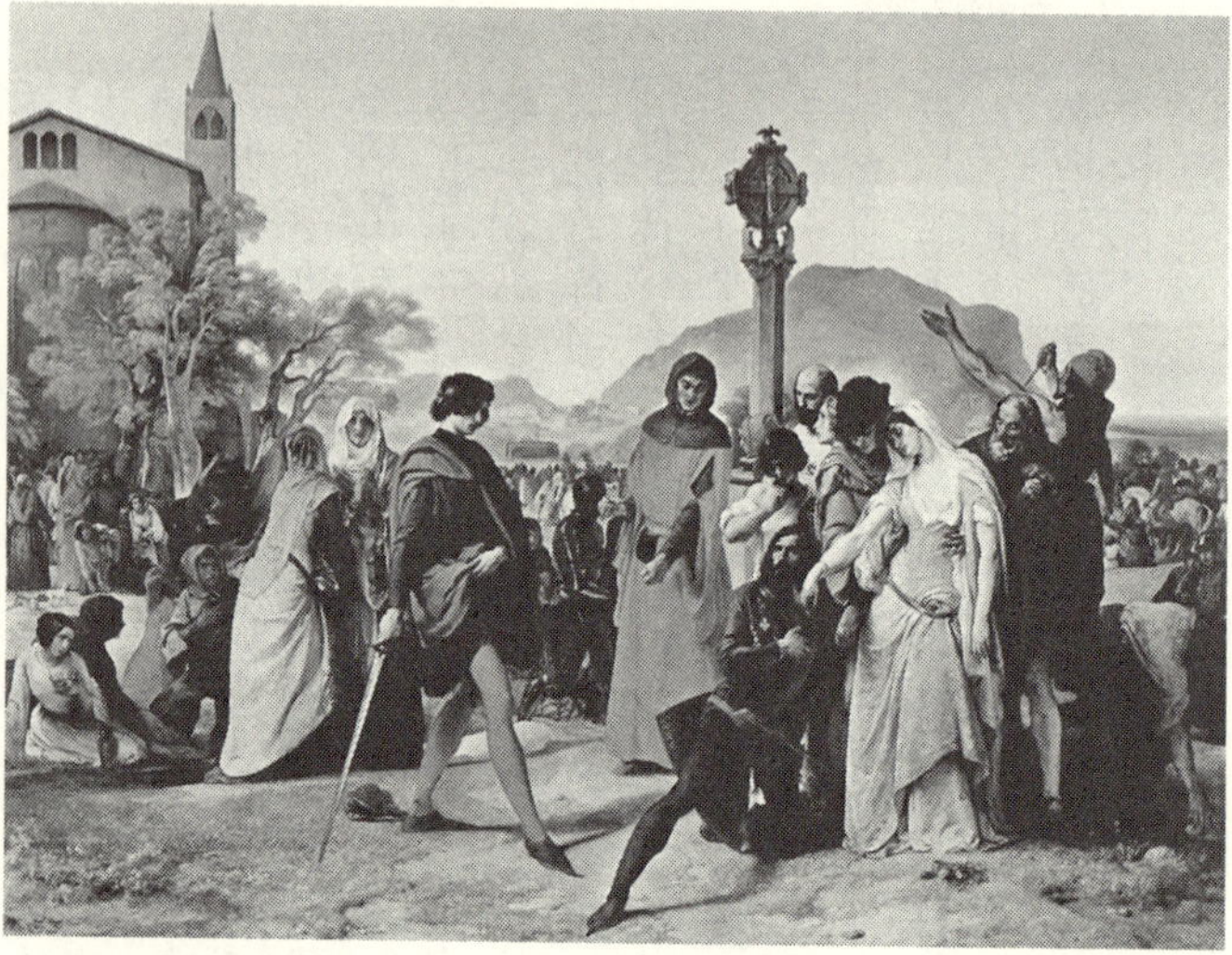
「シチリアの晩鐘」

をシチリアに差し向け、大量虐殺をもって暴動を鎮圧した。「シチリアの晩鐘」と呼ばれる惨事である。

絶望した住民が最後の望み、と頼ったのがペラ二世であった。当時の王侯貴族の行動パターンは五十歩百歩だということは経験によって痛いほどわかっていたはずであり、まさか、カタルーニャ人の支配になれば幸福に暮らせるなどと考えるほど楽観的ではなかったのだろうが、少なくともフランス人よりはましだと思ったのであろう。

チュニジアに駐屯中のペラ二世の許に使者が到着したのはこういうわけであった。

ペラ二世にとっては願ったりかなったりである。これで大義名分もできた。あとは必勝あるのみ。勇んで、舳先《へさき》を北へ向けて出帆したのである。

シチリア住民にとって、フランス軍は悪魔の使い、それに立ち向かうカタルーニャ軍は神の使者に見えた。住民の熱狂的な支持は、フランス軍をひるませた。アンジュー家のシャルルはほとんど戦うことなくパレルモから兵を引いた。さらに、海戦で大敗を喫し、勢いづくカタルーニャ軍に追われてほうほうの体《てい》で逃げ出してしまう結果となった。

こうして一二八二年、シチリアはカタルーニャの支配下に入ったのである。

この出来事は、フランス派の教皇マルティヌス四世を激怒させた。

すぐさまペラ二世は破門、すなわち地獄行き確定。領地はすべて没収である。

しかし、ペラは、教皇を神のように崇《あが》めていた父、ジャウマ一世とは違った。この措置を笑い飛ばしてしまった。

その上、あろうことか、教皇に名目的に「没収」されてしまったことになっている領土を、「競《せ》り」にかけたのである。つまり、力ずくでこの領土を取ることができる者がキリスト教世界にいたら、その者にすべて与えようと、わざわざローマへ乗り込んで宣言したのである。

なんたる豪胆さ！

どうも、この史劇では、アンジュー側は徹底的に敵役《かたきやく》を振られる運命になっていたらしい。

ペラのこの大胆不敵な宣言を利用し、ペラを裏切りと不服従の罪で告発した上、個人的決闘で黒白を決しようと申し込んだのである。

アンジュー家のシャルルの提案した条件は、双方大将プラス騎士百人ずつで闘おう、場所はフランス国内ながら当時は英国の領土であったボルドーで、というものであった。すでに大敗を喫している側の提案としては図々《ずうずう》しいことこの上ない。カタルーニャ側の勝利はすでに確定しているのだから、このような申し出に応じなければならない理由は一つもない。しかも、決闘の場は英国領とはいえ敵国内である。いかに騎士道精神華やかなりし当時でも、このような馬鹿げた挑戦に応じる者はまずなかっただろう。

しかし、ペラの騎士道精神は並外れていた。挑まれて、応じないなどという選択は彼には考えもおよばないことだったのである。

ああ、シャルルはどこまで狡猾《こうかつ》なのだろう。なんと、決闘の場、ボルドーは密かに英国王からフランスに返還されていたのである。狡猾さもここまでくると、作り話めくが、決してこれは作り話ではない。

普通なら、このことがわかった瞬間に、決闘の約束はご破算である。相手の条件違反なのだから、そうしても誰にも責められることはない。

ところがペラは普通ではなかった。王は変装をし、たった三人の従者とともに敵地に潜り込み、ボルドーまで行った。そして、市の役人にたしかにペラ一世が来た、という証書を作らせると、悠々とボルドーを立ち去ったのであった。

これを知ったシャルルは地団駄踏んでくやしがり、慌てて追っ手を放ったがすべては後の祭りであった。

これで話は終わりではない。

教皇マルティヌス四世ははらわたの煮えくり返る思いであった。お膝元のローマで、教皇の顔に泥を塗るような宣言をされ、ひいきのシャルルも大恥をかかされたのであるからこれも無理からぬことである。

名目上は没収してあったペラ二世の領土をシャルルに与えることにし、さらに、ペラ二世追討の十字軍を組織することを宣言した。

一二八五年、教皇によって組織されたこの十字軍には十万の兵が参加し、フランス王フィリップ三世自身が指揮をとることになった。

さすがのペラもこの大軍には単独では勝ち目がないと思ったか、弟のマリョルカ王ジャウマ二世に協力を求めた。ジャウマはピレネー越えの要衝であるパルピニャー（ペルピニャン）を領有し、マリョルカ王でありながら、そこに居城を構えていたのだから、これは当然の要請であった。

しかし、もともと仲の悪い兄弟である。ジャウマはこの要請を断った。怒り狂ったペラ二世は、ジャウマの居城へ直接押しかけ、協力受諾を迫った。

ジャウマはたまたま病に臥せっていたこともあり、返答の前にしばし休息のため猶予をくれるように願い、許された。このあたりも、ペラ二世のおぼっちゃん特有の甘さの見られるところである。というのも、ジャウマは、この間を利用し、まんまと下水溝から逃げ出してしまったのだから。

結局マリョルカ王ジャウマ二世は、ペラ二世に協力するどころか、フランス王と密約を結び、十字軍をパルピニャーに導き入れたのである。

ペラ二世は窮地に立たされた。

しかし、この大軍を前にしたペラ二世の戦いぶりには、どこか面白がっているようなところがある。戦いを楽しんでいる風でさえある。

たとえば、十字軍がピレネーを越えてカタルーニャに侵入しようとしたときには、夜、多数のかがり火をたかせ、まるで自軍も大軍であるかのように見せかけて、十字軍の進路を変えさせることに成功したりした。

しかし、しょせんは衆寡敵せずで、次第にカタルーニャ軍の敗色が濃厚になりつつあった。

カタルーニャ軍を絶体絶命のピンチから救ったのは、名将ルジェー・ダ・リュリア率いるシチリアからの海軍の援軍であった。ルジェー・ダ・リュリアは、いわば海将としてのデビュー戦のマルタ海戦（一二八三）で自軍に倍するフランス艦隊を打ち破り名を挙げた。しかもそのときは敵の旗艦に乗り込んで、提督と一騎打ちを演じ、ももを刺されながらも相手の胸を突き刺して殺した、という武勇伝を残している。その後も戦績を重ね、このころには伝説的とも言える名声を誇っていた。

フランス軍内に疫病がはやり、フランス王が病を得たのもカタルーニャ軍には幸いした。病気で弱気になったフランス王は、カタルーニャと和議を結び、ピレネーの彼方《かなた》へと引き上げていったのである。

このルジェー・ダ・リュリアという提督、その戦の手腕もさることながら、敵に対する容赦のない仕打ちでも広く知られていた。

中世に広く使われていたカタルーニャ製の地図

たとえば、この戦いの後には、捕虜のフランス兵三百人を海に突き落として殺害した。残りの二百人は、フランスへ帰還させたが、その前に全員の両目をえぐっておいた。いや、一人だけこの仕打ちをまぬがれた者がいた。彼は片目だけで勘弁してもらえたのだ。この総勢二百人の敗残兵をフランスまで導いていく人間が必要だったからである。
この捕虜たちには、フランス王へのメッセージが託されていた。いわく、
「地中海を安全に航行しようと思えば、黄色地

に赤い四本線が入った旗（カタルーニャの国旗）を掲げなければならない。魚とてその例外ではない。背中に四本の赤い線が描かれていなければ、地中海で泳ぐことは許されないのである」

カタルーニャが地中海の制海権を握ったという宣言である。いささか誇張はあるものの。

さて、残るはペラとジャウマの兄弟争いである。

兄ペラの協力強要を避けて下水溝から居城を抜け出したマリョルカ王ジャウマ二世は、もう一つの領地マリョルカ島に避難していた。兄からの仕置きがあるだろうことは十分承知していた。

ペラ二世は、提督ルジェー・ダ・リュリアの献策を容《い》れ、バルセロナの南方に位置するサロウから艦隊を率いて出発することにしていた。父ジャウマ一世がマリョルカ征服に出発した縁起の良い港である。

しかし、今回は不運の港となった。サロウに向かう途中、ペラ二世は急病に倒れてしまうのである。

ペラ二世はマリョルカ征伐を息子のアルフォンスの手に委ねた。しかし、アルフォンスがマリョルカ島のパルマに入城する数日前に息を引き取ってしまった。わずか四十五年の生涯であった。

ローマ教皇の命令を嘲笑《あざわら》い、カトリック教会をこけにした豪傑も、自らの死を予感して弱気になってしまったのだろう、王は死の直前にシチリア島を教皇に返還し、フランス軍の捕虜を解放することを遺言した。そして終油の秘跡を受けて死出の旅に立った。彼の教会軽視は、近代的な精神の賜物ではなかった。この豪傑のメンタリティーはしょせん、中世のそれだったのである。

一二八五年、マリョルカ島を制圧したアルフォンスは、叔父マリョルカ王ジャウマ二世の所領と、父ペラ二世の所領を相続し、アルフォンス二世（アルフォンソ三世）として即位した。ここに再び、カタルーニャ・アラゴン連合王国全土が一人の王の手に収まることになったのである。

アルフォンス二世は、まずフランスとブリノオラス条約（一二九一）を結び領土保全を図る。その上でいよいよ地中海制覇に乗り出そう、という矢先に突然の死が王を襲った。わずか六年の治世、二十七歳という若さでの死であった。

跡を継いだのは、弟のジャウマ二世（先ほどからくどいほどマリョルカ王ジャウマ二世と言っていたのは、このジャウマ二世と混同がないようにである）。ジャウマ二世は、この際にちゃっかりと、シチリアまで所領に含めてしまった。

当然、教皇は怒った。そしてジャウマ二世は破門されてしまった。

戦争の犬たち――「アルモガバルス」

ペラ二世やジャウマ二世といった、カタルーニャ地中海帝国の基礎を作った王たちの、サラセン人、フランス人、トルコ人との戦い、そしてその他諸々《もろもろ》の戦いの中で、実質的に軍の中核を占めていたのは、「アルモガバルス」と呼ばれる戦争の犬たち――傭兵部隊であった。「アルモガバルス」の名が記録に現れはじめるのは、ペラ二世の父、ジャウマ一世「征服王」のころである。もともとは、イスラム教徒との戦いで起用され、主に、もっとも危険であった、イスラム教徒の領土とキリスト教徒の領土の国境地域の警備に当たっていた。「アルモガバルス」という名はアラビア語起源で、「突然侵入してきて荒らしまわる者たち」という意味である。

警備に当たる、とはいっても、現代の国境警備隊のようにお行儀良く国境を見張って侵入者を防ぐというわけではない。気が向けば敵地に侵入していって強奪、暴行の限りを尽くして素早く引き上げて来るわけである。

ダスクロットの年代記によれば彼らは、

「戦闘だけを生業《なりわい》としている。町には住まず、山や森に住む。……他の誰も耐えられないような劣悪な条件にも耐えうる。必要なら二日間も食べずにいられるし、野の草だけで生きながらえることもできる。……夏も冬も、丈の短いシャツを一枚着ているだけである。……屈強な者たちで、追うときも逃げるときも素早い」(筆者訳)

という者たちだった。

ここで再び、中世世界において先進文化圏はイスラム教圏であったことを思い出して欲しい。要するに洗練された先進地域に、垢《あか》まみれで髪も髭《ひげ》も伸び放題、日に焼けて真っ黒の体をむき出しにした野蛮な暴漢たちが押し寄せてきて乱暴狼藉を働くのである。さぞや恐ろしかったであろう。彼らが「アルモガバルス」というアラビア語で呼ばれ、それがそのまま歴史に残っていることからもそれが察せられる。

「アルモガバルス」が本格的な活躍を開始するのは、ペラ二世の治世になって海外を転戦することが多くなってからである。軍規が厳しく、組織立って行動し、しかも一人一人は死を恐れず勇敢である。ちょうど、かのランボーが属していたアメリカ軍の海兵隊、グリーンベレーといったところか。

ともかく、彼らのおかげでカタルーニャ・アラゴン連合王国は連戦連勝。「アルモガバルス」の名前は、イベリア半島の辺境から一気に全ヨーロッパに轟くようになった。

彼らの出撃の合図がまたかっこういい。

「剣よ、目覚めよ」

こういう掛け声とともに、抜き放った剣や槍を岩に思い切り叩きつける。夕闇迫るころであれば、はじけとぶ火花が花火のように美しい。大勢のアルモガバルたちがいっせいにこれをやるのである。勇ましい掛け声が夜空にこだまし、火花に照らされて空はうっすらと明るさを帯

ルジェー・ダ・フローとアルモガバルス

びる。

それは敵を震え上がらせるに十分であった。

ああ、今にもあの野蛮人どもが押し寄せて来る。戦わずして、敵兵たちは浮き足立ってしまう。

ところが、十四世紀になると、「アルモガバルス」に危機が訪れる。

地中海の国際情勢が安定してきてしまったのである。二十年余りにわたって、教皇、フランスとカタルーニャの間で奪いあいが続いていたシチリアの帰属がカルタベリョッタの和約（一三〇二）で双方痛み分けの形で一応の決着を見たことがその要因であった。

さて、そうなると「アルモガバルス」はやっかい者である。普通の騎士ならば、領地に帰るなり、宮廷に仕えるなり平常の生活に戻ればよい。ところが、彼らは「戦争の犬たち」である。戦争がなくなってしまえば、犬にすぎない。しかも狂犬のような連中である。

このころ、「アルモガバルス」の首領をつとめていたのはルジェー・ダ・フローという男。「華（フロー）のルジェー」という気障《きざ》っぽい名前に似合わず、これが大変な曲者《くせもの》。ドイツ出身で（イタリア出身という説もある）テンプル騎士団にいたのだが、戦利品の横領がばれてクビ。

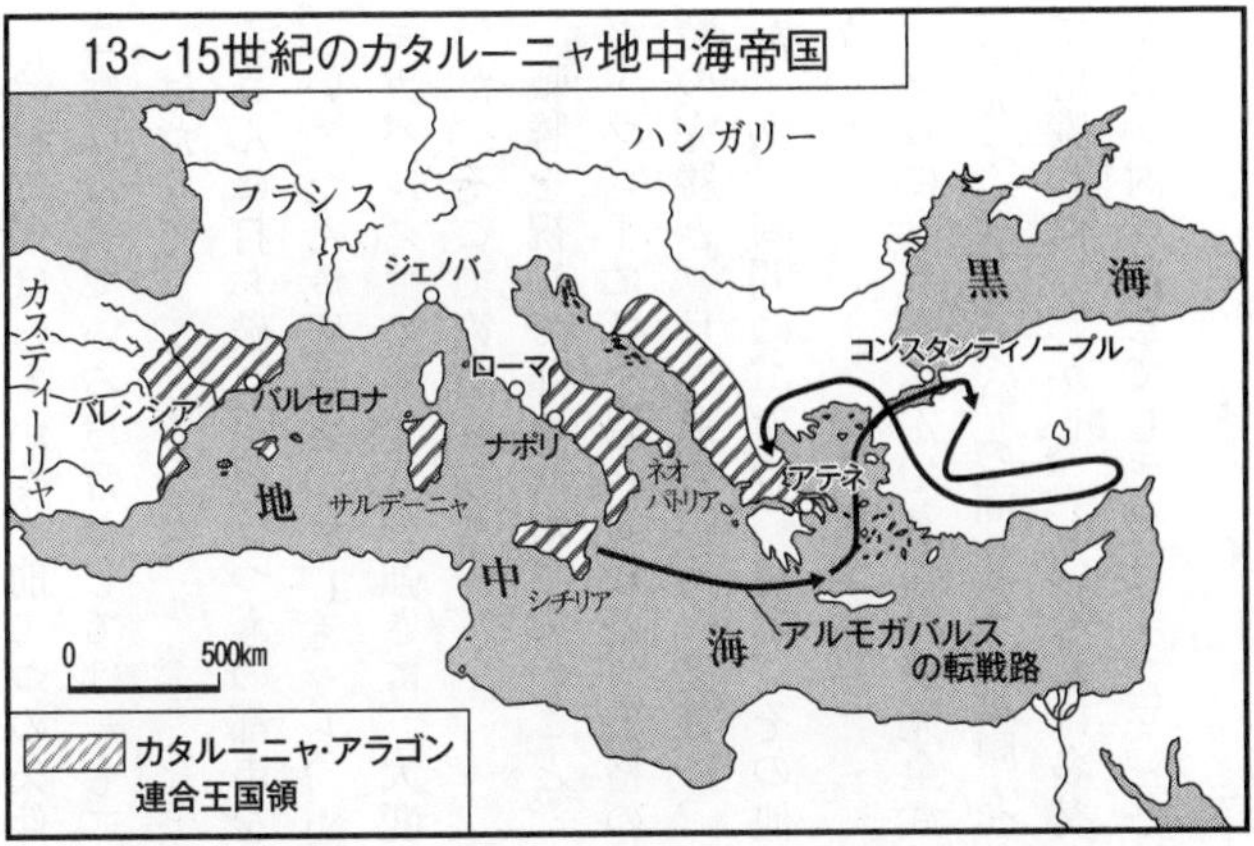

一時は海賊に身をやつしていたと言われている。もっとも、荒くれ者ぞろいの「アルモガバルス」の首領だ。半端な人物ではつとまるまい。それが証拠に、彼らの新しい就職先を見事に見つけ出したのである。

彼は目の付けどころがよかった。オスマン・トルコに脅かされていたビザンティン帝国皇帝に売り込んだのである。

平時でこそやっかい者だが、戦時にはエリートたちである。アンドロニコス二世から、すぐに来て欲しいという要請が間髪入れずに届いた。

「さあ、野郎ども、戦だ！」

いくら旧職場でリストラの対象になったからといって自分たちを安売りしないのがルジェー・ダ・フローの偉いところ。皇帝の姪《めい》を妻として自分に与えること、皇帝に次ぐ「大公」の位に自分をつけること、そして兵たちには通常の二倍の給料を払うこと、これが彼が皇帝に突きつけた条件であった。

給料二倍はともかく、前二つの条件はどう見ても法外である。しかし、尻に火がついたかっこうになっている皇帝としては一も二もない。ともかく、早くきてくれ、と言わざるを得ない。はたして、「アルモガバルス」の威力は評判通りのものであった。小アジアでトルコ軍をさんざんに打ち破り、いくつもの都市を解放してしまった。

いったん危機が去ってしまうと、約束した褒賞が惜しくなるのは人情である。また、「アルモガバルス」のあまりの強さに、大変な連中を身中に入れてしまったという思いも皇帝にはあった。そこで策を弄した。

戦勝を祝して催された宴《うたげ》でのこと。山海の珍味、美酒と大勢の美女、皇帝自らがルジェー・ダ・フローに杯を賜わるなど、破格のもてなしであった。百戦錬磨のルジェーたちも、トルコ戦の完勝と、目の前の破格の褒賞に、ついつい酒を過ごしてしまい、へべれけになってしまった。ある瞬間に、皇帝、皇妃、その他要人たちがスーッと姿を消してしまったことに気づかなかった。

そこになだれ込んできたのが完全武装の皇帝近衛隊であった。ルジェー・ダ・フロー以下、「アルモガバルス」の面々は、足腰ふらふらながらも、食事用のナイフやワインのつぼを持って応戦した。しかし、しょせんは多勢に無勢、完全武装に丸腰ではかなうわけはない。出席者全員が討死にしてしまった（一三〇五）。

ビザンティン皇帝は「アルモガバルス」を甘く見ていた。その本当の怖さがわかっていなかった。

ルジェー・ダ・フローたちが謀殺されたことを知った残りの隊士たちの怒りは凄まじいものであった。もともと「アルモガバルス」の強さの秘密の一つは結束の固さと、仲間に加えられた被害に対する徹底的仇討《あだう》ちの精神であった。

「アルモガバルス」の残党は、すぐさまトラキアを、ついでマケドニアに侵攻し、破壊、殺戮《さつりく》の限りを尽くす。後々までこの出来事は「カタルーニャ人の復讐《ふくしゅう》」という名で語り継がれることになった。

この後、彼らはアテネ公国およびネオパトリア公国を建国する（一三一一）。そして、これらの領土は一三八〇年、かつての主君筋であるペラ三世に献上されたのである。

カタルーニャ人によるギリシャのこの地域の支配は一三八八年まで続いた。地域的に限定されてはいたが、西洋文明発祥の地ギリシャでカタルーニャ語による統治がなされたということは、カタルーニャ人の自尊心をくすぐるのに十分であった。なんといっても、紀元前六世紀前半にギリシャ人がカタルーニャのエンポリオン（のちのアンプリアス。バルセロナの北約一二〇キロメートル。ロザス湾沿岸）に植民地を築いてから一八〇〇年余を経て、逆にカタルーニャ語がギリシャに到達したのである。ただし、ギリシャのこの地方は、当時の貿易の主要ルートからは外れており、実質的には領有には大した意味はなかったのだが。

1511年版『ティラン・ロ・ブラン』の表紙

『ティラン・ロ・ブラン』

少し時代は下るが、カタルーニャ語で書かれ、一四九〇年にバレンシアで出版された騎士道小説に『ティラン・ロ・ブラン』という名作がある。（ちなみに、スペイン初の印刷機は一四七四年にバレンシアに導入されている。）

時代が異なるのにここで紹介するのはなぜかというと、まさに、この小説はルジェー・ダ・フローと「アルモガバルス」に触発されて書かれたとされているからである。

この小説がどれほどの傑作かというと、かのセルバンテスが『ドン・キホーテ』の中で次のように絶賛しているほどなのである。

ドン・キホーテとはご存じのとおり、騎士道小説の読みすぎで頭のおかしくなってしまった郷士である。セルバンテスは、そのドン・キホーテを非難する村の僧侶の口を借りて、こう、「ティラン」を讃《たた》える。

わしはこの物語を、たのしみの宝、なぐさみの泉と思ったことを覚えとります。（中略）親方さん、わしは嘘を言わぬ。この種の物としては、まことに世界一の本じゃ。（中略）この物語では、騎士というものが飯をちゃんとくうし、眠るにも死ぬにも床へはいるし、臨終には遺言をしたためるし、どんな騎士物語にも書いてないいろいろの事をするのじゃ。（永田《ながた》寛定《ひろさだ》訳、岩波文庫）

作者はジュアノット・マルトゥレイ。一四一三年ころバレンシアに生まれている。マルトゥレイ自身騎士で、一四六八年に幕を閉じるその一生は、騎士道小説そのままに、貴婦人とのロマンスや名誉を賭けた決闘に彩られていた。『ティラン・ロ・ブラン』は、マルトゥレイが未完のままのこした原稿を友人のマルティー・ジュアン・ダ・ガルバが完成させ出版したというのが定説である。

この小説を再評価し、現代の読者に紹介したのは、ペルー人の作家バルガス・リョサである。なんどもノーベル賞候補として名が挙がっている人だが、日系のフジモリ元大統領と大統領選を争った人物だと言ったほうが通りがいいかもしれない。

彼は、『ティラン・ロ・ブランの挑戦状』と題された小冊子の中で、次のように述べている。

『これは世界一の本だ』とセルバンテスは書いている。一見この評価は冗談のように思える。しかし、彼の目は確かだったのだ。『ティラン』は古典文学の中でももっとも野心的な小説であり、その構造という点から見れば、もっとも現代的な小説であると言えるかもしれない。（中略）マルトゥレイは、フィールディング、バルザック、ディケンズ、フローベール、トルストイ、ジョイス、フォークナーと続く『神の代理人』の系譜の第一号なのである。彼らが目指したのは自分の小説の中に『現実の全体像』を創り出すことであった。（筆者訳）

たしかにバルガス・リョサの言うとおり、『ティラン』はただの騎士道小説ではない。騎士道小説の多くは、怪物などが出て来るファンタジックなものだが、『ティラン』にはそのような要素はまったくない。騎士道小説であると同時に、歴史小説であり、戦記小説であり、恋愛小説であり、心理小説であり、エロチック小説である。つまり「全体小説」なのである。

それではここに、そのもっとも騎士道小説らしからぬ一節を訳出しておこう。これは同時に、前出の「アルモガバルス」のビザンティン帝国遠征とも重なるシチュエーションを持つ部分でもある。

（ティランはイスラム教徒に脅かされているビザンティン皇帝に請われて救援に馳せ参じる。ティランはそこで皇帝の娘カルマジーナに一目惚《ひとめぼ》れしてしまう。カルマジーナもティランに恋しているのだが、誤解や、二人の仲を邪魔する者があったりして、恋はなかなか成就しない。そこで、カルマジーナに仕える主人思いの侍女プラエール・ダ・マ・ビダ〔「わが人生の楽しみ」という意味の名〕は一計を案じる。）

「（ティラン）元帥殿（…）私がこれから申し上げるようになさらねば、皇女様のお気持ちを惹《ひ》くことなどとうていできないでしょう。明日、皇女様はお風呂に入られます。私がなんとかして、夕方、あなたさまを皇女様のお寝間に引き入れて差し上げます。皇女様はそこに、素っ裸で入って来られるでしょう。たいてい私と一緒にお休みになることになっているからです。私の申し上げるようになさってください。皇女様は誰にも何もおっしゃらないはずです」

（ティランは躊躇《ちゅうちょ》するが結局、言われるとおりにカルマジーナの寝室に忍び込む。この期におよんでなお逡巡《しゅんじゅん》するティランをプラエール・ダ・マ・ビダは叱りとばす。）

「乙女にせよ貴婦人にせよ、また、身分が高かろうが低かろうが、いつも愛されていることを望まぬ者などどこにいるとお考えなのでしょう？　最も適切な方法で、つまりはこっそりと、昼夜を問わず、窓からでも扉からでも、はたまた屋根からでも、自分のためにどうにかして入り込んで来る男性を女は高く評価するのです」。

（こうして寝台に導き入れられたティランはプラエール・ダ・マ・ビダを装って、おずおずとカルマジーナの裸体に触れる。乳房、乳首、そして下腹へと。）

「なんてうるさい娘なの！　お願いだから、そんなことはしないで、そっと眠らせておくれ」

（寝台の脇に立つプラエール・ダ・マ・ビダは答える。）

「ああ、なんてお行儀の悪いこと。あなたさまの湯上がりのお肌はこんなにすべすべですばらしい。こうして触っているとうっとりとしてしまいます」

「触らないでちょうだい（…）それにそんなに下のほうへ手を持っていかないで」

「ゆっくりおやすみください。もうこのお体は私のもの、好きに触らせてくださいまし（…）私はティラン様の代わりにここにいるのです。ああ、裏切り者のティラン様、あなたさまはいったいどこにいらっしゃるのでしょう？　私が手を置いている場所に手を置くことができたなら、あなたさまはどんなに満足なさることでしょう！」

（…）

「なんて悪戯《いたずら》をするの？　眠らせてちょうだい。気でもふれたのですか？　そんな、自然に反するようなことをして」

（この後、カルマジーナは相手がティランであることに気がつき、大騒ぎになる。ティランは窓から飛び出し、運悪く足の骨を折ってしまう。）

この『ティラン・ロ・ブラン』は、英語に訳されて、いわゆるエアポート・ノベルズつまり、飛行機の中で読めるような面白い読み物のシリーズの一つとしてベストセラーにさえなっている。つまり、一般の現代人にも楽しめるという時間を超えた普遍的な価値を持つ真の古典として認知されているのである。中世カタルーニャ文学の最高傑作の一つがここにある。
日本語では『ティラン・ロ・ブラン』(岩波文庫、拙訳)で読むことができる。

ラモン・リュイ

中世の港の取引風景

キリスト教ヨーロッパの十三世紀は、さまざまな意味で、近代の胎動を感じさせる世紀であった。その胎動は、政治のみならず、経済、宗教、文化にまでおよんでいる。

政治的には、それまでの武力による領土獲得が徐々に商取引を主体とした進出へと変わっていく兆しが見られた。もちろん、商圏の拡大の裏にはほとんど常に武力があり、また武力による占領をけしかけたのは、しばしば大商人たちだったのだが。

商圏が拡大し、流通が発達すれば、都市に人が集まり、都市経済がいっそう発展する。

腹が満たされると、人間というものは実生活には役に立たぬものを求めるようになるようで、文化にも金が回るようになってくる。その代表が、ヨーロッパ各地に生まれた大学である。

大学とは、個々の知識を一つの大きな調和的な体系にまとめようという意志が具体化したものであり、そこでは、キリスト教の教義を、論理的に証明することが盛んに試みられた。まさに、「近代的精神」の萌芽《ほうが》である。

都市間の商取引は、当然、都市間の交通・連絡手段の充実を意味する。そして、それはまた、知識人の往来が盛んになることを意味していた。その範囲は、キリスト教世界にとどまらず、(同じく商取引のあった)イスラム教圏にもおよぶのである。

ヨーロッパの経済は、物々交換経済から本格的な貨幣経済への転換を完了しつつあった。このことは、意外なことに、カトリック教会のありかたをも根本的に変えてしまうのである。

それまで、教会の富は土地、建物、金銀宝石などの現物に限られていた。そのような富の所有には物理的に限界があるし、なによりもそういうものは交換性、流通性に乏しい。その点、現金は極めて便利である。

教会は、ますます現金を集めることに躍起になり、現金の集中は教会にさらに大きな権力をもたらした。

そして、それと同時に腐敗も。

キリスト教信者や僧の中には、そのような状況を苦々しく思い、清貧の中での純粋な信仰を強く求める人たちも少なくなかった。すでに見たカタリ派の運動も、その一つの現れである。ついでながら、その後ヨーロッパに吹き荒れることになる反ユダヤ主義の嵐の源流もこのあたりに求めることができる。つまり、教会を、そして社会を堕落させた貨幣経済の直接の担い手がユダヤ人だったからである。

ラモン・リュイ（ライムンドゥス・ルルス、一二三二？〜一三一六）は、バルセロナの貴族の子として、ジャウマ一世が征服して間もないマリョルカ島に生まれた。由緒正しい貴族の子として、そして騎士としての教育を受け、ジャウマ一世の宮廷に仕えるようになる。ジャウマ一世の次男、後のマリョルカ王ジャウマ二世の侍従をつとめていることからも相当の家柄だったことがわかる。

そして、よき宮廷人の常として、彼もまた、色を好んだ。

宮廷人として色を好むとは、単に好色であるということではない。日本の平安朝の貴族同様、歌をよくしなければならない。この場合は、トロバドールすなわち南仏の吟遊詩人風の恋愛詩である。

リュイは、しかるべき家柄の女性ブランカ・ピカニィと結婚し、ドゥメネクという息子とマグダネラという娘がいたが、そんなことは色の道の修行にはなんのさまたげにもならない。日夜、詩作に励み、そしてせっせとそれを女性の許に届け、実践に努めた。相手が独身女性に限られていなかったことは言うまでもない。

三十を少し過ぎたころ、リュイには一人の思い人があった。人妻である。

ある晩、妻子を遠ざけて、ランプの灯りの下、ああでもない、こうでもない、と思いを込めて詩作に耽《ふけ》っていた。

すると、誰かに見つめられているような気がする。

しかし、部屋には彼以外誰もいない……はずだ。

気のせいだ、と自分に言い聞かせ、再びペンを握る。

「汝《なんじ》のその赤き唇は……」とかなんとか。

たしかに誰かがいる。誰かが自分を見ている。リュイは背筋がぞーっと寒くなるのを感じた。

目は羊皮紙の上にあるが、もう字を見てはいない。

目を上げたい、しかし……見るのが恐《こわ》い。

好奇心が恐怖に打ち勝った。リュイは思い切って振り向いて背後の壁を見た。

何一つ装飾のない石の壁に、ほのかに明るくぼんやりと、しかし、はっきりとそれとわかる形で、男の顔が浮かび上がっている。その目はちょうど忠実な猟犬の目のように、じっとこちらを見つめている。

「誰だ!」リュイは震える声で怒鳴った。

男は相変わらず無言で、悲しげな表情でこちらを見つめている。

しかし、彼自身はその答えがわかっていた。

彼は、キリストなのだ。

リュイは、もはや恐怖に耐えられなくなった。飛ぶようにしてベッドに入ると頭から毛布をかぶって、ただがたがたと震えているばかりだった。


夜が明けて、朝食の時間となった。

「あなた、どうなさったの。お疲れのようね。昨晩は遅くまでお仕事だったのでしょう」

妻の声には、一抹の皮肉が込められているように感じられた。思い過ごしだったのかもしれないが。いずれにせよ、彼の行状は承知しているはずだ。そして、彼自身も、彼女が彼に隠れて何をしているかを知らないわけではない。これはゲームなのだ。


昼間の明るさが彼を強気にした。昨晩の幻影は、最近、酒を飲みすぎているからかもしれない。今晩は少し控えることにしよう。

日が暮れると彼は再び部屋にこもった。詩を仕上げてしまわねばならない。何事にもタイミングとい

説教を聞く群衆の中にリュイと愛人が含まれている

うものがある。早く、この詩を渡さねば、彼女を取り逃がしてしまうかもしれない。あの透き通るように白い肌をした夫人を。彼女は夫とは、三十は歳が違うだろう。金、地位、それだけが目当ての結婚だ。本当の楽しみは、結婚の外にある。若い妻をもてあましている彼女の夫だってそれを望んでいるに違いない。

リュイはペンをインクに浸して続きを書きはじめた。

半時も経っただろうか。またあの嫌な感じがしてきた。

誰かが自分を見ている。背中がぞくぞくする。

今度は、リュイも躊躇することなく後ろを振り返った。はたして、そこには、あの犬の目をしたキリストがいて、じっとこちらをみつめている。

今晩も、リュイはベッドに飛び込んで、毛布を頭からかぶってしまった。

三晩目になると、恐怖は姿を消し、むしろ「なぜ自分だけがこんな目に」という気持ちが強くなってきた。

リュイはキリストにそう問うてみた。何が悪いのか。既婚の婦人に詩を捧げることか。本人も、その夫さえ喜ぶことではないか。私だけではない、皆やっていることだ。

しかし、キリストは無言で見つめているだけである。

実は、リュイにはわかっていた。何を責められているのか。たしかに、皆もやってはいるが、自分のしていることは決してキリストの教えにはかなっていないのだ。

四回目にキリストが現れたときに彼はそれを認めた。

そして五回目に現れたキリストを前に、リュイは誓った。人生を変えることを。

リュイの誓いのことばとともにキリストの顔は消えてしまった。消える前に、かすかに微笑んだようにも見えたが、気のせいかもしれなかった。

リュイの出家

リュイの妻はひどく取り乱していた。

無理もないことである。リュイは廷臣である。しかも、身分はかなり高いほうだ。日々の暮らしになんの不自由もない。二人の子どもはすくすくと健康に育っている。うまいものを食べ、良い音楽に耳を傾け、ときには滑稽な芝居に腹をかかえて笑う。そして適度のアバンチュール。なんの不満もないはずではないか。

それなのに、この夫は、いきなりすべての財産を処分して出家するというのである。（もちろん、キリスト教徒のアイドル、アシジの聖フランシスコの真似《まね》である。）

夫は、聖フランシスコ気取りで満足かもしれないが、自分と子どもたちはいったいどうなるのか。処分した財産の一部は当然、彼女たちの生活費に当てられるだろう。しかし、多少の財産があったとて、稼ぎ手がいなくては、枯渇するのは時間の問題である。

しかし、泣いてもわめいてもリュイは聞く耳を持たなかった。

穏やかな表情で、「私は行かねばならないのだ」と繰り返すばかりである。

彼女は動転してはいたが、実はわかっていた。この人は昔からこうなのだ。少しおっちょこちょいではあるが、一度こうと決めたら頑として譲らない。こういう表情になったときにはもういけない。自分に酔ってしまっている。後へ引き戻すことはできないのだ。

出家したリュイは、人生の目標として三つのことを掲げた。

一つは、布教のための準備をし、そして布教のために殉教すること。もう一つは、異教徒にキリスト教の真理を伝え改宗させるための本を書くこと。そして三つめは、異教徒の言語のできる宣教師を養成する学校を作ることだった。

そして、およそ十年にわたるリュイの修行時代がはじまる。

まず手がけたのは、言語の習得だった。当時、ヨーロッパ各国のインテリの共通語だったラテン語はもちろんのこと、異教徒の代表たるイスラム教徒の言語、アラビア語を学ぶことが大切だとリュイは考えた。直接イスラム教徒に布教することを考えていたからである。殉教が目標である以上、そうせざるを得ないではないか。

リュイは、アラビア語習得のために、アラブ人の奴隷を一人買った。もちろん男である。リュイは劣情とは縁を切っていたのである。

ところがこの奴隷がとんでもない男で、すんでのところでリュイは早すぎる殉教を遂げるところだった。

前にも書いたように、当時、イスラム世界はキリスト教世界よりはるかに進んだ文明を持つ先進地域だった。そこから連れてきた奴隷であれば、かなりの教養を持った者も少なくはなかった。

語学の先生にするためだから、リュイも、そのような男を探したに違いない。高かったが、そのための金はしっかりと、別にとってあった。リュイはそういう計算のできる男である。

さて、男は期待通りに頭が良く、自分の母語であるアラビア語を分析的にリュイに教えることができた。学習は大いにはかどった。しかし、男には一つ大きな欠点があった。敬虔なイスラム教徒だったのである。

奴隷(仮にムアマッドとしておこう)は自分の主人がなんのためにアラビア語を学んでいるのか知っていた。そして、自分のしていることを深く恥じていた。

ある日、それがことばに出た。キリストを冒瀆《ぼうとく》したのである。

リュイは怒り狂った。ムアマッドを激しく鞭《むち》で打った。床にうずくまったムアマッドは、痛みに耐え、ひたすら嵐の過ぎるのを待った。

リュイとアラブ人奴隷

やがて、打ち疲れた主人は、肩で息をしながら、ムアマッドに謝罪を命じた。ムアマッドは、詫《わ》びた。しかし、その目は決して従順ではなかった。

その二日後に事件は起きた。

寝室に戻ろうとしていたリュイは、背後に殺気を感じた。元は騎士であり、武術の心得があるのは当然。しかも出家して間もないことでもある。勘は衰えていない。

どこで手に入れたのか、短刀を握ったムアマッドが体を預けるようにして襲いかかってきた。

リュイには十分に余裕があった。体をさっとかわすと、手刀で短刀を叩き落とした。

ムアマッドは奴隷になる前は知的職業に就いており、武術など学んだことはなかったのかもしれない。あまりに他愛《たわい》なく屈した賊を前に、リュイは思った。

ムアマッドは、腕力には乏しかったが、誇りはあり余るほどに持ち合わせていた。牢《ろう》に入れられて間もなく首を縊《くく》って死んでしまったのである。

リュイはそれを聞いて強いショックを受けた。

「汝の敵を愛せよ」という絶対的な教えに反し、一人の異教徒を死なせてしまったのである。自分には、まだ異教徒を人間と認めない俗人としての意識が残っていた。それに気がついたのであった。

リュイの語学の学習と、宗教人としての仕事はさらに続く。

もともと思い込みの激しい人物であるが、修行によってさらにそれに磨きがかかる。修行時代に書かれた『神をみつめて』という著作にそれがよく現れている。

つまり、リュイは、自分は神と直接つながっている、と思い込んでいたのである。そして、それは終生変わることのない「偉大な思い込み」であった。

一二七四年、リュイはパルマ市近くのランダの丘で「神の啓示」を受けたといわれている。この啓示も「思い込み」の原因であるというよりは、結果であると見たほうがいいのかもしれない。つまり、「思い込み」のもたらした幻影である。いずれにせよ、この啓示がリュイの神秘主義にいっそうの拍車をかけたのは間違いのないことだが。

ランダの啓示

リュイは、このとき、一つの大きなヒントを得た（と思い込んだ）。
つまり、異教徒たちに、理屈でキリスト教のほうが正しい、すぐれているということをわからせる方法がある、ということである。彼は、これをArt「方法論」と名づけ、一生をかけてこれに磨きをかけていくことになる。そして、その方法論はやがて、イタリア・ルネサンスの思想家ジョルダノ・ブルーノや、かのライプニッツにまで影響を及ぼすことになるのである。
リュイが啓示を受けたのは四十二歳のときである。平均寿命が今よりもはるかに短かった中世としては、四十二歳は初老といってよかろう。しかし、この後のリュイの精力的な活動ぶりには、目をみはらせるものがある。

布教者リュイ

リュイの宗教人としての最初の成功は一二七六年に訪れた。リュイは、かつて侍従として仕えたジャウマの許へ呼び出される。ジャウマは当時モンペリエに居住していたが、間もなくジャウマ二世としてマリョルカ島を治めることになる人物である。

その目的は、フランシスコ会の神学者にリュイの主張する神学がはたしてカトリックの教義にかなうものかどうかを判断させるためであった。つまり、異端ではないか確かめさせたのである。結果は合格。これでジャウマ二世は安心してリュイを援助できるようになる。俗世間のコネが宗教界での活動に大いに役立ったわけである。

その具体的な成果は、宣教師養成学校「ミラマール」の設立だった。

この学校名は「望潮館」と訳せるのだが、その名のとおりマリョルカ島の眺めの良い土地に建てられた。最大の特徴は、リュイの神学方法論に加えて、異教徒の言語を学ぶことだった。リュイの三つの大望のうちの一つが実現する糸口がみつかったのである。

思えば、リュイの考え方は非常に現代的である。

この学校、今で言えばミッション系の外国語大学である。ヨーロッパの中世というものは、我々が考えるよりもはるかに国際的だったのかもしれない。

また、リュイは古くからの良きキリスト教徒の義務、巡礼もおろそかにはしなかった。中世ヨーロッパの代表的な巡礼地といえばガリシア地方のサンティアゴ・デ・コンポステーラ。ここは、イベリア半島の現在のポルトガルの北方に位置するので、バルセロナからでも直線距離で一〇〇〇キロメートル近くにはなるだろう。リュイはマリョルカ島を出て南フランスを経由しているようなので、当時の交通事情を考えれば、それはそれは長い旅である。

リュイは、この巡礼の旅の帰途立ち寄ったバルセロナで、自分の人生に大きな影響を及ぼす人物に出会っている。ジャウマ一世の顧問や教皇グレゴリウス九世の告解師をつとめ、後に聖人に列せられたラモン・ダ・ペニャフォールである。

このドミニコ会の超大物は、巡礼の旅にやつれながらも悲壮な面持ちで、パリ大学へ行って神学を修めたいと将来の抱負を語るリュイに対して、

「やめておけ。お前がパリへ行ったところでスコラ哲学者が一人増えるだけじゃ。なぜマリョルカ島にとどまって、神の栄光を広めるための独自の道を探さないのだ」と言った。

このことばによって、リュイの迷いは消えた。腰が据わった。聖地巡礼の褒美として、神はもっとも大事なものをリュイに授け給うたのである。

もっとも、腰が据わったというのはあくまでもたとえである。当時の時間のスケールで言え

ば、リュイはほとんど席のあたたまる間のないほど忙しく各地を飛び回っていた。

一二八七年、ローマ教皇にミラマールのような宣教師養成学校を各地に設立することを進言するが、聞き入れられなかった。

一二八八年と八九年にはパリでフランス王フィリップ四世に謁見するが、まったく成果はなし。ソルボンヌ大学で自分の著作を講じたが評判は芳しくなかった。

一二九三年、再びローマ教皇に謁見し、聖地奪回の十字軍派遣を提唱するが、またしても却下される。聖地奪回のための最後の十字軍は一二七〇年に挫折していることを考え合わせれば、いささか時機を失した主張であったと言わざるを得ない。

同じ年、リュイはジェノバからチュニジア行きの船に乗る。念願かなって、イスラム教徒の真《ま》っ只中《ただなか》に入って布教をするためである。

なにしろ、長年の夢が実現したのである。リュイは勢い込んでいた。船が港へ着くのを待ちかねるように、岸に飛び降りるや、案内を乞うて、イスラム教の指導者の許へ乗り込んでいった。

この日のために磨いてきたリュイのアラビア語はなかなか見事なものだった。そしてそれ以上にイスラム教の神学者たちを感嘆させたのは、彼の理路整然とした話しぶりと緻密な理論だった。

なんども言うように、当時のイスラム教文化圏は先進文化圏である。先進文化圏としての余裕もあり、異教や異説にも寛容であった。

したがって、リュイもここで止めておけば、キリスト教のすぐれた神学者ということで尊重され、歓迎さえされていたかもしれない。

しかし、リュイは布教の熱意あふれる、狂信的と言ってもいいような宣教師であった。自分の説にイスラム神学者が興味を示し、感嘆の表情さえ浮かべているのを見て、「やった！」と思った。調子に乗ってしまった。

いつのまにかまわりに集まって来ていた聴衆に改宗するように勧めはじめたのである。

イスラム教徒から投石を受けるリュイ

「ごらんなさい、貴方《あなた》がたの指導者も認めておられるではないですか。キリスト教こそが、正しい宗教なのです。イスラム教など棄《す》てておしまいなさい。今日からキリスト教徒になるのです。まだ遅くはありません。神は寛大でいらっしゃいます」

イスラム神学者たちの顔色が変わった。たしかに、この異教徒は大した男だ。しかし、大した男だけに、なおさら放ってはおけない。

すぐさま王に連絡が行った。この男は危険人物だ、ただちに殺さねばならない、と。

リュイは縄をかけられ、牢へ連れて行かれる。群衆はリュイに石を投げつける。額に石が当たり、血が一筋流れる。子どもが走り出てきて髭をひっぱる。足をかけてリュイをころばせて高笑いする者もある。しかし、リュイは満足げであった。微笑みさえ浮かべていた。それもそのはず、あれほど熱望していた殉教の瞬間が迫っていることを確信していたのだから。

しかし、リュイは、貿易相手のキリスト教徒の王に気兼ねしたイスラムの王が、リュイを死刑にはせずに追放の刑に処するにとどめたことを知らなかった。

数日を経て、看守がリュイの牢の前へやってきた。「出ろ」という。いよいよ神の御許へ行けるのだ!

しかし、連れて行かれたのは、処刑場ではなく、港のジェノバ商船だった。

リュイは驚いた。看守たちの腕を振り払おうとしたが、びくともしない。乗船してからも、一度はジェノバ人の制止を振り切って、再び上陸しさえした。しかし、もはや殉教の可能性がないことを悟ったリュイは、がっくりと肩を落とし、ジェノバ行きの船のタラップを上っていった。

翌一二九四年にも、教皇に、宣教師養成のための学校を各地に作ることの必要性を説くが、失敗に終わっている。また、同年、自らの「方法論」を使ってイスラム教徒の捕虜を改宗させ

学者に持論を説明するリュイ

ることを試みる許可をナポリ王に申請し、許されている。

一二九八年に再度ソルボンヌで講義をする機会に恵まれたリュイは、やっと、聴衆に受け入れられ、有力者の中にもリュイを師と仰ぐ者も出て来る。この、ある程度の成功はリュイの理論が円熟期を迎えていた証拠であると言えるだろう。

一二九九年、マリョルカ島に戻るが、その途中、バルセロナで王よりユダヤ教やイスラム教の寺院で布教をする許可を得る。

一三〇〇年から一三〇二年にかけてキプロス、アルメニアを旅する。

一三〇六年には、二回目の北アフリカ布教の旅に出る。ブージーでの布教は前回同様失敗に終わり、投石の中を逃げ帰る。帰途、嵐にあいピサに避難。さんざんの旅であった。

一三〇九年、パリに赴き、教育、執筆活動を行う。ソルボンヌ大学をはじめ、パリの知識層にかなり深く入り込む。この年、イスラム教出身のアリストテレス研究者アベロエス（イブン・ルシュド）の説を激しく攻撃するキャンペーンをはじめている。

一三一一年、ビエンヌの公会議に出席し、宣教師養成学校の設立とイスラム教徒と闘うための教団を創設し聖地エルサレムを奪回することを主張、さらにアベロエスの説を激しく非難する。しかし彼の主張は部分的に認められるにとどまった。

そして一三一三年、後に述べるように彼の最後の旅となるチュニジア布教へと旅立つ。


主な旅行だけを書き上げてもこのようにかなりの数になる。繰り返すが、船がもっとも速い交通手段であった当時のことである。彼のエネルギーはまさに異常だと言わざるを得ない。

さらに、もう一つ。彼は、教皇に、王に、そしてパリ大学の学者たちに対し自分の主張を執《しっ》拗《よう》に繰り返している。あらゆる機会をとらえて自分を売り込んでいる。しかし、その成果はほとんどと言っていいほど上がっていない。イスラム教徒の捕虜に布教する許可とか、ユダヤ教やイスラム教の寺院で説教する許可とか、どうでもいいようなことしか実現していないのである。

あるいは、教皇や王、そして学者たちは、リュイをうとんじていたのではないか。「またあのうるさいじいさんが来た」――あるときには居留守さえ使われたのではなかったか。

そう、まさに、リュイはドン・キホーテのごとくであった。

実際、リュイはその知名度にもかかわらず、カトリックの聖人には列せられていないのである。

リュイの思想

ラモン・リュイの思想とはいかなるものだったのか。

リュイの思想には二つの側面がある。一つは、ランダの丘での「啓示」に見られる、神との一体感、すなわち神秘思想である。もう一つは、いかにしたら異教徒を理屈で屈服させ、改宗させられるか、その方法論を模索する主知主義である。その主知主義は、異教徒の言語を学び、イスラム教の神秘主義であるスーフィズムやユダヤ教のカバラ哲学も積極的に取り入れていくという現実的な姿勢に裏打ちされていた。

この「現実的」ということばがリュイの「思想」のキーワードであるように思われる。哲学者、思想家というタイトルは彼にはふさわしくないのかもしれない。彼が目指したのは、真理の追究そのものよりも、キリスト教の真理を異教徒に知らしめる一番効果的な方法なのであった。方法、つまりArtである。彼が一生をかけて磨き上げたのがそれであった。

リュイは神学的な問題、天文学的問題、植物・薬学的問題などを、記号を使うことによって、合理的に整理し、解決し、説明しようとした。彼の記号体系は基本的には次のグループから成っている。

〈絶対的属性＝神の属性〉

B＝善、C＝偉大さ、D＝永続性、E＝力、F＝知、G＝意志、H＝徳、I＝真実、K＝栄

光
〈相対的属性〉
B＝違い、C＝合致、D＝背反、E＝原理、F＝手段、G＝終わり、H＝多数、I＝等しさ、K＝少数
〈星座、天体〉
A＝空気、双子座、天秤座《てんびんざ》、水瓶座《みずがめざ》、木星、B＝火、牡羊座《おひつじざ》、獅子座《ししざ》、射手座、火星、太陽、C＝土、牡牛座《おうしざ》、乙女座、山羊座《やぎざ》、土星、D＝水、蟹座《かにざ》、蠍座《さそりざ》、魚座、金星、月。ただし水星（Mercuri、水銀の意味あり）はABCDのいずれにも属することができる

リュイは円のような幾何学図形や、樹木図、表などにこの記号を配し、すべてを説明しようとした。

そこに記号論理学の萌芽を見ることができるという意見もあるが、現代人の目には、科学的根拠に乏しい、幼稚な体系に映るというのが正直なところであろう。

しかし、リュイは大まじめにこの体系の洗練に努め、『フェリックスまたは奇跡の書』『ブランケルナ』などの小説、『青少年のための理論』『騎士道の書』などの教育・啓蒙書《けいもうしょ》ほか、自らのほとんどの著作で手を替え品を替えこの方法論の普及を図っている。

たしかに、それまでの難解な神学書や天文学書などに比べれば、リュイのこの方法は画期的

であった。前述のようにジョルダノ・ブルーノや、ライプニッツにも影響を与えた（ライプニッツは『結合法』の中で「大方法論」を絶賛している）。また、デカルトもリュイを意識していたといわれる。ただし、度重なる申請にもかかわらず、その方法論はローマ教皇庁の採用するところとはならなかったのだが。

しかし、リュイの名とその方法論Artをヨーロッパ全土に知らしめることになったのは、皮肉にも、その理論や著作ではなく、彼の作品の読者の誤解と曲解であった。

つまり、十四、十五世紀の錬金術師たちが、リュイの名をかたって次から次へと本を出したのである。

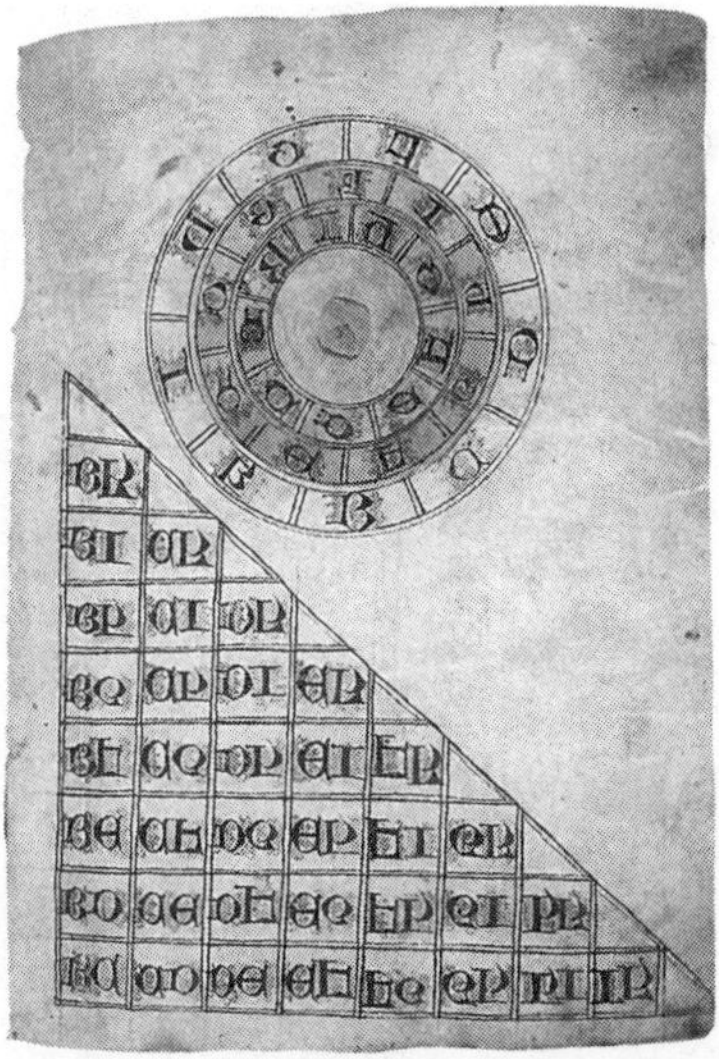

リュイの解説図

ラブレーの有名なガルガンチュアとパンタグリュエル物語の中の書、『第二之書パンタグリュエル物語』（十六世紀）にも、リュイはいかがわしい人物として登場している。次の一節はガルガンチュアが息子のパンタグリュエルに学問の心得を書き送った手紙の一部である。

拙者としては、そなたが諸々の言語

を完璧に学ばるるよう切に希望いたし居《お》り候。第一には、クインティリヤヌスの諭せるがごとく、ギリシヤ語に候。第二には、ラテン語。（中略）幾何学、算術、音楽のごとき自由学芸は、そなたが五歳より六歳にいたる頃の未だいとけなき折に、その心得を若干授け居き候えば、続けてこれを修められたく、天文学に関しては、その法則のすべてを学ばれたく存じ候も、卜筮占星及びルゥリウスの幻術は、謬説《びゅうせつ》虚妄として棄却いたされたく候。
（渡辺一夫《わたなべかずお》訳、岩波書店、傍線筆者）

リュイ自身は錬金術を否定していた。しかし、彼の説の中に、錬金術師たちを魅了してやまない要素があったことは確かである。たとえば、すでに述べた天体に関する記号の中の「水星（または水銀）はＡＢＣＤのいずれにも属することができる」という記述などは、水銀を重要視していた錬金術には打ってつけの説明なのである。また、リュイが最後までカトリック教会の正統派にはなれず、どことなく異端の臭いを漂わせているのもその一因と言えるだろう。

このように、リュイは一流の神学者、思想家たろうとしたものの、その現実的なセンスがかえって障害となって、それを果たせなかったようなところがある。

しかし、他方で、彼自身はあまり意識していなかった、他の二つの分野で、非常に大きな貢献をすることになった。文学と言語である。

自らの志を遂げることはできず、その努力の過程で知らず知らずのうちに、自分の目標とは別の場所で、歴史に大きな足跡を残すことになったのだから皮肉なものである。

カタルーニャ語の父

まず文学である。

ラモン・リュイはもちろん、エンターテインメントとしての文学を目指したわけではない。すでに述べたように、彼の関心はArt「方法論」の普及だけに集中していた。したがって、教育書、啓蒙書、小説、詩と幅広いジャンルにわたる彼の著作はそのための手段にほかならなかった。

しかし、彼が本当に向いていたのは作家だったのかもしれない。

『ブランケルナ』の挿絵

彼は年少者にもわかりやすく「方法」を説いた『青少年のための理論』を書き、騎士たちのために『騎士道の書』を書いた。後者は、宗教騎士団の教科書としてベストセラーとなった。多くの騎士道小説はこの本を規範としている。

さらに、彼は、なんとか大衆に飽きられずに説教をする方法を模索し、小説という形式にたどりついた。代表的な作品は、『ブランケルナ』（一二八三）と『フェリックスまたは奇跡の書』（一二八八〜八九）である。

『ブランケルナ』はリュイの最高傑作とされている。この本は五部からなる。第一部では、主人公ブランケルナの誕生とその両親の結婚生活が語られる。第二部から第五部では、ブランケルナが僧になりやがては教皇にまで登り詰めるが、その地位を棄てて最後には隠者となるまでの過程が描かれている。最後の部分に含まれる「愛する者と愛される者の書」は、おそらく別に書かれて挿入されたものだが、リュイの神秘思想と「方法論」の真髄が述べられていることで名高い。

このように書くと、抹香臭い退屈な本のように思われるかもしれないが、決してそうではない。たとえば、第五十二章には次のような一節がある。

ブランケルナは、騎士に略奪された乙女を救出し、馬で森を横切っていく。ぴったりと体を寄せた乙女の体温に、ブランケルナは思わずむらむらと来る。しかも、乙女のほうも感謝の気持ちだけではないらしい。むしろ、積極的に迫って来る様子。しかし、ここで誘惑に屈してしまっては、乙女を略奪した騎士と大差のないことになってしまう。ブランケルナは神について、祈りの力について乙女に説いてお互いの気持ちを静めるのだった。そして、

「乙女は、自分の気持ちが通じていたからこそ、ブランケルナがそのようなことを言うのだと悟った。そしてブランケルナに誘惑に打ち勝つ力を与え給うた神を称えた」（筆者訳）

『フェリックス』のほうは、一貫性や密度という点で、『ブランケルナ』にはおよばない。しかし、部分的に見れば、極めて興味深いところが少なくない。たとえば、『動物の書』では、当時ヨーロッパで大流行していた「狐《きつね》物語」(Le Roman de Renard) の形式を借りて、主人公の狡猾な狐ナ・ラナールが活躍する。ライオン、豹《ひょう》、熊、馬等々の動物を登場人物に当時の宮廷の堕落、腐敗ぶりを風刺するこの寓話《ぐうわ》は、巧みな擬人的効果によって、現代社会・政治の風刺としても立派に通用するものに仕上がっている。

たしかにリュイの小説は、自説の解説の部分が多すぎ、現代の小説のイメージを逸脱しているかもしれない。しかし、リュイ以前のカタルーニャ語の散文が法律、年代記、聖書の部分訳などに限られていたことを考えれば、創作に向かって一歩を踏み出したという意味で計り知れない意味がある。ともかく、文学的散文にどのような文体を使うのかという基準さえなかったのだから、とてつもない偉業である。

次に言語である。

リュイはロマンス語、すなわちラテン語から派生した諸言語で(広義の)哲学書を初めて書いた人物である。中世の知識人の共通語は、すでに日常生活では死語となって久しいラテン語だった。そのメリットはいくつもある。まず、中世の知識層は僧侶が中心であり、教会用語として用いられていたラテン語は、キリスト教圏の共通語として最適だった。また、ラテン語は死語なので地理的要因で勝手な変化をしない。さらに、ラテン語は文法が厳密なので、内容を

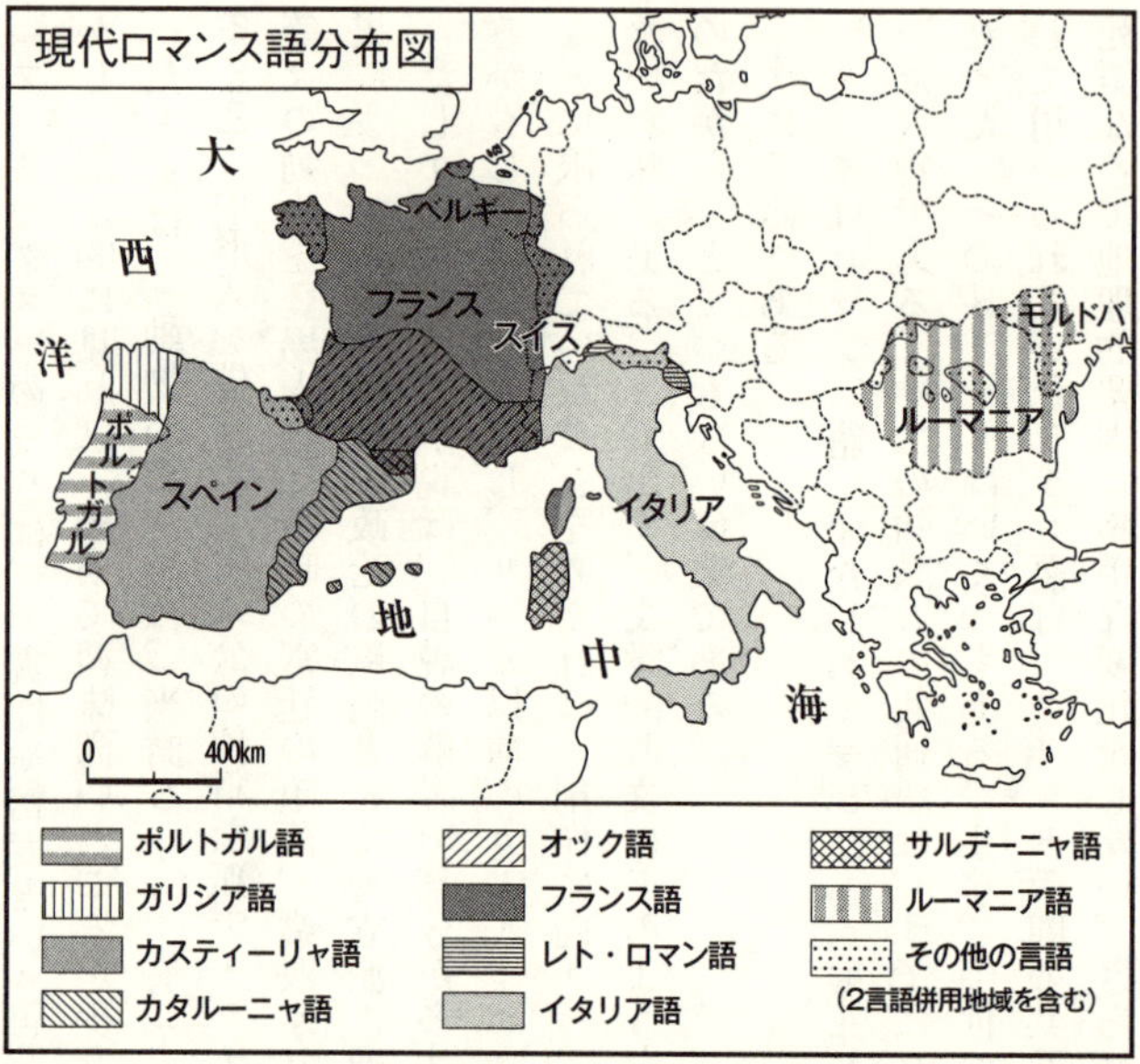

正確に伝える作業に向いている、等々である。

しかし、ラテン語を理解できるのは、一部の知識階級にすぎない。ローマ帝国が解体し、その広大な領土内の共通語であったラテン語は、それぞれの土地の土着語の影響などを受けて好き勝手な発展を遂げ、フランス語、ポルトガル語、スペイン語……カタルーニャ語となっていった。普通の人々が話しているのは、この、ラテン語とは相当隔たってしまった諸語、いわゆるロマンス語だった。

リュイは、普通の人々にも直接自分の「方法」を伝えることを欲し、当然の帰結として、ロマンス語、つまりカタルーニャ語で書こうとした。発想としては、イスラム教徒に布教するためにアラビア語を学んだのと同じである。

またしても、彼自身は意識していなかったかもしれないが、これは画期的なことであった。今でこそ、日常話していることばと、書物のことばにはさほど差はないものの、たとえば、中世においては、話しことばと書きことばはまったく別物であった。ヨーロッパ中世で「本が読める」ということは、ラテン語が読めるということに等しかった。そして、普通の人にとって、いや大部分の王侯貴族にとって、ラテン語は教会のミサで挙げられるわけのわからない祈りのことばにすぎなかったのである。

それをリュイは根底からくつがえした。これは世界史、少なくともヨーロッパ史規模で、特筆されてしかるべき、大変なことだ。

その栄誉を担ったのが、カタルーニャ語なのだから、カタルーニャ人たちがリュイを「カタルーニャ語の父」として崇《あが》めるのも無理からぬことである。

一三一三年、ラモン・リュイは人生最後の旅に出る。

まずシチリアへ行き、そこからチュニジアへ向かった。布教の結果は今回も同じであった。ブージーで民衆の投石にあい、リュイは瀕死《ひんし》の重傷を負ってしまう。そのままチュニジアで死んでしまったという説もあるが、ジェノバ商人に救われてマリョルカ島に到着する寸前に死んだという説もある。いずれにせよ、殉教を最終的な目標としていたリュイ、自称「乱心者ラモン」の、常軌を逸した一生は幕を閉じたのである。八十四歳、当時としては驚異的ともいえる長寿であった。

5 停滞、そして凋落

衰退の兆し

「盛者必衰」は洋の東西を問わず歴史の大原則のようである。

あれほどの繁栄を誇ったカタルーニャ・アラゴン地中海帝国にも凋落《ちょうらく》の兆しが見えはじめる。

ときの年代記作家は一三三三年を「最初の悪い年」と称し、すべての厄災はこの年にはじまったとしている。

たしかに、カタルーニャの中世末期の歴史を見ていると、この年代記作家がそういいたくなる気持ちもわかる。実にひどいものである。

一三三三年　記録的不作。飢饉《ききん》。

一三四七年　飢饉。

一三四八年　ペスト流行。
一三五七年　イナゴの異常発生。
一三六二、六三年　幼児にペスト流行。
一三七一年　ペスト流行。
一三七三年　地震。
一三七四年　不作。ペスト流行。
一三八一年　ペスト流行。
一三九六年　ペスト流行。
一四一〇年　ペスト流行。
一四二七、二八年　地震。
一四二九年　ペスト流行。
一四三九年　ペスト流行。
一四四八年　地震。ペスト流行。
一四五七年　ペスト流行。
一四六五年　ペスト流行。
一四八六年　ペスト流行。
一四九三、九四年　ペスト流行。

一四九七年　ペスト流行。

最初のうちこそ、飢饉にペストで泣きっ面に蜂だなどと言っていられたかもしれないが、イナゴに地震、さらに嫌になるほどのペストの流行、しまいにはこの世の終わりかと思いたくなるのもうなずけようというものである。

このころに比べれば前の時代はよかった。バラ色と言ってもよいぐらいである。十二世紀から十三世紀、さらに十四世紀の初頭にかけては、カタルーニャの人口は増えつづけていた。十三世紀末のカタルーニャの人口は約五十万人で、十一世紀の人口の倍にあたる。このころの人口の八割は農民であり、人口の増加の最大の要因は、領土拡大による耕地面積の拡大にあった。また、耕地利用法の改善や、鉄製農機具の発達も農業生産高の増大に資するところ大であった。飼料が豊かになることによって畜産も盛んになった。つまり、農業生産力の増大が人口の増大に釣り合っていたのである。

しかし、耕地面積の拡大や、農業生産高の増大には限度がある。一方、人口の増大は外的要因さえなければ、理論的には無限である。やがて前者が頭打ちになり、人口を支えきれなくなるのは必然であった。

それに加えて、十四世紀初頭の時期は、世界的に、旱魃《かんばつ》、冷夏、洪水、地震などの異常気象、自然災害が発生していたことが記録されている。

14世紀の病院

ついに一三三三年、カタルーニャでは記録的な不作となり、飢饉が発生した。

そして、一三四七年の飢饉に続き、一三四八年、あの「黒死病」ペストがやってくる。（以下ペストについての記述は一部、村上陽一郎《むらかみよういちろう》『ペスト大流行』〔岩波新書〕を参考にしている。）

このときの大流行はカタルーニャだけに限られたものではない。全ヨーロッパ的なものである。

ヨーロッパにペストが大流行したのは、実はこれが初めてではなく、六世紀にも大流行があったことが記録されている。しかし、ペストというのは不思議な病で、その後何百年も影を潜めてしまい、この、十四世紀前半まで姿を現さないのである。

ペストは、元来はネズミの病気であるが、ノミを媒介として流行する疫病である。しかし、人間にペストをうつす直接の感染源であるクマネズミという種類のネズミは、十字軍以前にはヨーロッパ内陸には生息していなかったといわれる。つまり、十字軍が小アジアに遠征した際に、ペスト菌はヨーロッパに持ち帰られたと考えられるのである。

ペストには「腺ペスト」と「肺ペスト」二種があり、前者の死亡率は約八〇パーセント、後者の死亡率はほぼ一〇〇パーセントであったという。ある推定統計によれば、当時のヨーロッパの全人口は約一億人で、このときのペスト大流行によって約二千五百万人が死亡したとされている。フィレンツェ六万人、ベネチア十万人、マルセイユ七万人、パリ五万人、ロンドン十万人などがヨーロッパの主要都市の死亡者であった。

アルモガバルスなどの地中海遠征、地中海貿易の大発展などがある以上、バルセロナなどの港町がペストから逃れることは不可能であった。リェイダの医学教授ダグラモンの報告によれば、「一三四七年十月シチリアが悪疫ペストの侵入を受けた。この悪疫はサルデーニャに進み、翌十一月にはマルセイユに現れた。一三四八年に入って、悪疫はアルメリア、バルセロナへと進出した」――悪疫のルートはまさにカタルーニャ軍が東進していったルートであり、また、地中海貿易の通商ルートでもある。

バルセロナに、直接的にペストを持ち込んだのはジェノバ商人たちであったといわれている。疫病は瞬く間に広まり、一三四〇年におよそ五万人であった人口が、一三五〇年ころには約二万人にまで減少してしまった。

次に引く一節はボッカチオの『デカメロン』のものである。フィレンツェの阿鼻叫喚《あびきょうかん》であるがバルセロナでも状況は同じであっただろう。

下層、中流の人びとは……一日千人以上も罹病《りびょう》しました。看病してくれる人もなく、何らの手当を加えることもないので、皆果敢《はか》なく死んで行きました。また街路で死ぬ人も夜昼とも数多くありました。また多くの人は家の中で死んでも、死体が腐敗して悪臭を発するまでは隣人にはわからないという有り様でした。……

上にのべましたような夥《おびただ》しい数の死体が、どの寺にも、日々、刻々、競争のように搬《はこ》び込まれましたものですから、……墓地だけでは埋葬しきれなくなりまして、どこも墓場が満員になると、非常に大きな壕を掘って、その中に一度に何百と新しく到着した死体を入れ、船の貨物のように幾段にも積み重ねて、一段ごとに僅かな土をその上からかぶせましたが、しまいには壕も一ぱい詰まってしまいました。(野上素一《のがみそいち》訳、岩波文庫)

原因がわからないだけに、市民はパニックに陥ってしまった。群集心理というものは古今東西変わらぬものらしい。関東大震災のときに、朝鮮人が負わされたスケープゴートの役割を、バルセロナではユダヤ人が負わされることになった。

「わしのいとこの連れ合いが、たしかに見たと言っておる。カイ通りのユダヤ人が井戸になにやら白い粉をまいていたらしい。そのあとで周囲を見回した顔が月明かりで見えたんだと。大きな鉤鼻《かぎばな》とくぼんだ目。にやっと笑った口元が恐ろしくてぞっとしたそうな」

「いやいや、俺の聞いた話はもっとひどい。ユダヤ人が三人がかりで死体を井戸に放り込んでいたらしい。それも、死んでから日にちが経っているらしくて、ひどい臭いだったんだそうだ」

誰一人、直接、それを見たものはいないのだが、このような噂が口伝えに広がっていった。そしてユダヤ人を襲撃、虐殺するという悲劇に発展していったのである。

その背景にあるのは、ユダヤ人が徴税請負、高利貸しなどの職にあり、経済力を蓄えつあったことへの嫉妬がある。さらには、ユダヤ人の財産を目当てにした意図的な噂や、襲撃もあったのである。

これほどの被害になったのには、いくつか原因がある。まず、度重なる飢饉である。飢饉によって人々の体力が弱っていなかったら、ペストもあれほどの猛威を振るうことはあるいはなかったかもしれない。

次に、原因が不明で、したがって蔓延《まんえん》を防ぐ措置がとれなかったことである。

現代人から見ると非常に滑稽なのだが、病気が「伝染する」という観念は中世人の頭の中にはなかった。「病原菌」の存在が知られていなかったのである。ペストの病原菌がイェルサンによって発見されたのは一八九四年、つい最近のことなのである。(イェルサンと北《きた》

かつてのユダヤ人街「カイ通り」
バルセロナ

里柴三郎《さとしばさぶろう》の発見競争は有名である。)

したがって、「隔離」という手段がとれない。いや、イスラム教圏では、隔離がはじまっていたらしい。さすがは先進地域である。しかし、キリスト教圏ではこの方法は採用されなかった。金持ちの中には、大量の食料をかかえて人里離れた場所に囲いをつくってこもった例もあったのだが、隔離が政策として実施されることはなかった。

人々は、ペストのさまざまな原因、またその感染経路を考え出した。当時頻発していた地震によって地中の悪気が噴出したためとする説、木星と火星と地球の位置関係によるという占星術的な説、病人の呼気を吸うと感染するという説、また、病人と目を合わせると感染するという珍妙な説までまじめに論じられていた。古来、不思議なことにイナゴの異常発生とペストがセットになってやってくることがたびたびあった。前述のように、このときもイナゴの発生が記録されている。両者の関係については、現在にいたるまで明らかにはなっていない。

ペストの流行のおかげでカタルーニャ社会は、すっかり様相が変わってしまった。

ペストは都市の人口も、農村の人口も激減させた。都市では、従来の商工業活動を維持していくための人手が不足し、結果的に賃金が高騰した。ただでさえペストで人口が減っていた農村から、特に貧農がこの人手不足と高賃金の噂を聞きつけて都市に流れ込んで来た。そのおかげで、都市の商工業、貿易などの活動は、ペスト流行期にもそれほど低下することはなく、百年程度後まで持ちこたえることになるのである。

一方、このようなダブルパンチを受けた農村の状況は深刻だった。人口の減少はすぐさま農産物生産量の低下となって現れ、収入の減少をもたらした。ペストあるいは移住によって主を失った農場は、難を逃れた農家および領主の手に集中することになった。

領主たちの悩みも深かった。主な収入である年貢が減少してしまったからである。従来の生活レベルを維持するためには強硬な手段にも訴えざるを得ない。「悪習慣」と呼ばれる封建的農民支配を厳しくして農民の離農を防ぎ、同時に年貢を増やしたのである。

当然、これはただでさえ収入減少に苦しむ農民の利益に反する。一三八〇年ころからおよそ百年間にわたって発生する農民反乱の原因である。また、なにかというと文句ばかり言っている貴族どもに愛想を尽かしている王は、対抗上、農民側に肩入れするようになる。

一番古い部分は14世紀にさかのぼるというカタルーニャの農家

全ヨーロッパ的なペストの流行などにより、カタルーニャの商工業は購買力のある市場の大幅な縮小を見た。また、地中海ではジェノバ商人がカタルーニャ商人の商圏を脅かし、アフリカ大西洋岸などではカスティーリャやポルトガルの商人の活動が活発になりつつあった。

カタルーニャ、特にバルセロナの商工業が決定的な危機を迎えるにはまだ時日を要するが、じわじわと後退がはじまっていたことは間違いない。

バルセロナの商工業者の間では、当然、経済立て直しの気運が盛り上がる。しかし、その方策については、階層によって意見の違いが見られた。つまり、中小の商人、職人たちは、平価の切り下げや保護貿易主義によって自分たちの産業を守ることを主張し、大商人たちは、土地などへの投資、政府への貸し金の保護、自由貿易の確保などを主張したからである。やがて、前者はブスカ（Busca）、後者はビガ（Biga）と呼ばれるグループを組んで激しく対立するようになるのである。

カタルーニャ社会はほうぼうで亀裂を露《あら》わにしつつあった。

サルデーニャ

地中海はイタリアの西方に大きな島が二つ南北に並んでいる。上のほうがフランス領のコルシカ島、下がイタリア領のサルデーニャ島である。

この島の北西岸にアルゲーという町がある。現在、島のほかの地域ではイタリア語が話されているのに、このアルゲーだけには、カタルーニャ語の方言を話す人たちが住んでいる。もっとも、年とともにその数は減少の一途をたどっているのだが。それはともかく、このカタルーニャ語の存在は、カタルーニャ・アラゴン連合王国がサルデーニャ支配のために繰り返した苦戦の歴史的痕跡なのである。

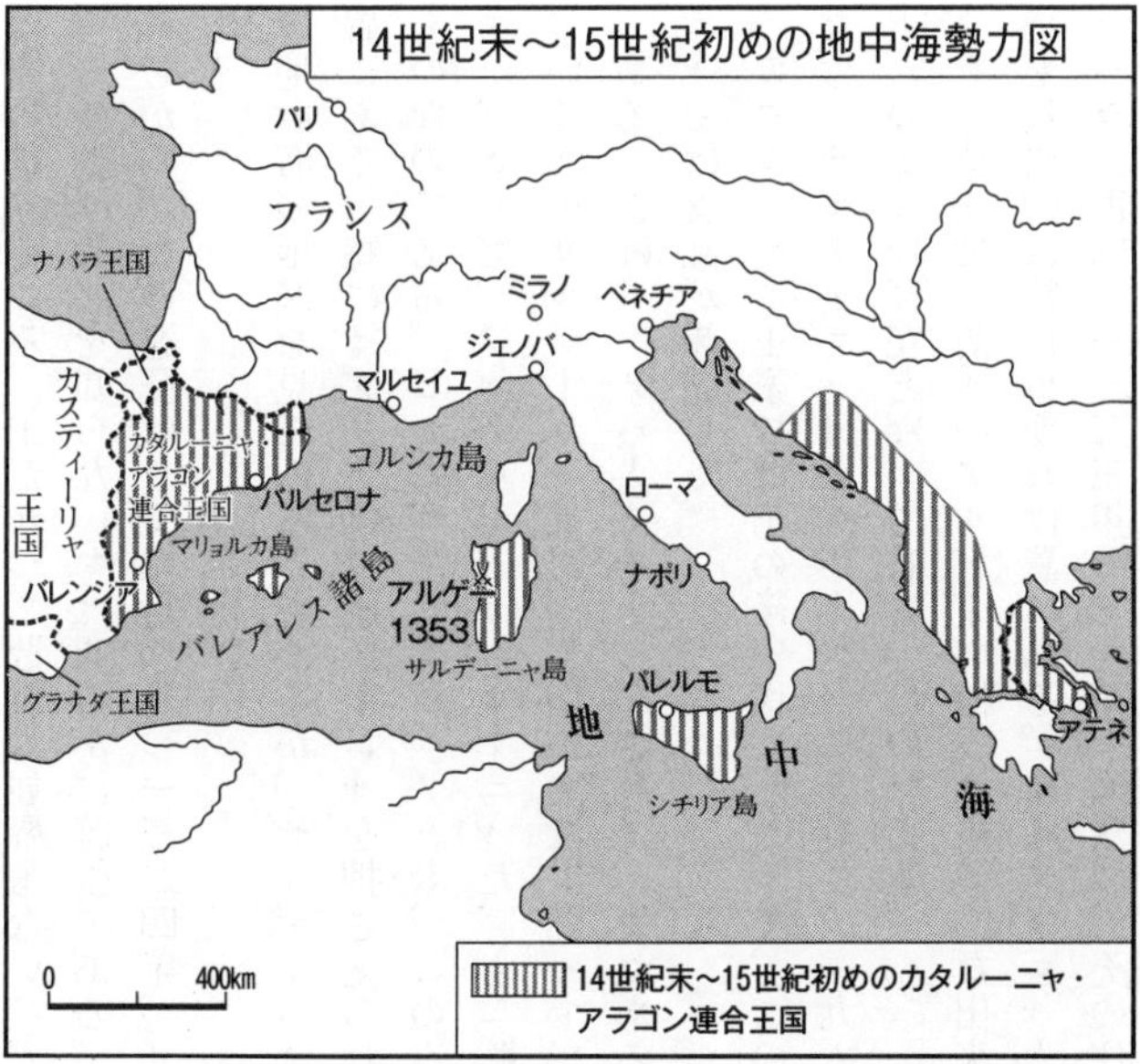

14世紀末～15世紀初めの地中海勢力図

一二九六年、ローマ教皇ボニファチウス八世は、カタルーニャ・アラゴン連合王国国王ジャウマ二世にサルデーニャ領有権を与えた。王がシチリアを放棄することを条件に。

しかし、実際に王がサルデーニャ征服に乗り出したのはそれから二十五年も経ってからのことであった。

王は三百隻の船を王子アルフォンス（後のアルフォンス三世）に与えて、サルデーニャを支配するピサ人征伐に向かわせた。

「息子よ、お前にカタルーニャに古くから伝わる旗を与えよう。一点の汚れもない清く美しい旗、黄金の旗印だ。聖母マリアのご加護とカタルーニャ臣民の忠誠によって、この旗は敗北を知らない。この旗の赴くところ、未だかつて敗戦も屈辱もないのだ」

「この旗は敗北を知らない」は明らかに誇張である。

しかし、この遠征はうまく行った。一三二四年、サルデーニャはカタルーニャのものとなった。

地中海の地図を見てみるとわかるが、サルデーニャは交易上、また戦略上、極めて重要な位置にある。特にイタリアはサルデーニャを押さえられてしまうと地中海への出口を失うようなものなのである。ピサも、そしてジェノバも、この占領を指をくわえて見ているわけはない。また、ピサだ、ジェノバだ、カタルーニャだ、と「強国」に勝手に自国の奪いあいを演じられている当のサルデーニャ人だっていつまでも黙っているわけはない。

あるときはジェノバ人にそそのかされて、またあるときは自前の愛国心に燃えて、サルデーニャでは反乱が頻発した。

カタルーニャ王家ではその後三代にわたって、このサルデーニャの反乱に悩まされることになる。サルデーニャはカタルーニャにとって、一九六〇年代のアメリカ合衆国にとってのベトナムのような存在となってしまったのである。

その意味で、前述のアルゲーの植民は象徴的な出来事である。アルゲーはサルデーニャの中でも戦略的に特に重要な位置にある。サルデーニャ人とジェノバ人の執拗《しつよう》な抵抗に業を煮やしたペラ三世は、一三五三年のアルゲー陥落後、その住民を全員移住させ、新たにカタルーニャ人を入植させたのである。すでに述べたカタルーニャ語のほかに、アルゲーにはカタルーニャ様式の教会や館が残されている。

アルフォンス三世

サルデーニャ征服の総指揮を任せられたアルフォンスは一二九九年、ナポリでジャウマ二世の次男として生まれた。一三二七年、ジャウマ二世の跡を継いでカタルーニャ・アラゴン連合王国国王アルフォンス三世となった。

「恵み深い王」とあだ名された王の治世は、憎まれっ子世にはばかるの逆を行って、九年と短かった。

しかし、短いながらもなかなか密度の濃い治世である。まず、当時の王として一番重要な務め、男子の跡継ぎを残している。後のペラ三世とウルジェイ伯ジャウマ一世である。

王位にある間、なによりも王を悩ませたのは「カタルーニャのベトナム」サルデーニャ問題であったが、内政とて楽ではなかった。なにしろ、例のすべての悪の起点とされる一三三三年が在位期間に含まれているのである。飢饉、ペスト、財政困窮、社会不安、階層間の対立、問題は山積み、もしあだ名通りの善人だったとしたら、頭をかかえてしまったことだろう。

しかも王は、未来に禍根を残す過ちを犯してしまった。

話は少し複雑である。

アルフォンスがなぜ次男なのに王位を継げたのかというところからはじめねばならない。アルフォンスが王位に就いたとき、長男のジャウマは健在であった。継承権はジャウマにあったのだが、本人が嫌だと言ったのである。理由は、宗教的理由である。つまり、僧侶になることを切望していたのだ。

単なる変わり者だったのかもしれないが、あるいは、王冠とともにサルデーニャ問題をはじめとする苦労の数々をしょいこむことに怖《お》じ気づいてしまったのかもしれない。

ジャウマはそもそもカスティーリャの王女エリオノールと結婚することになっていた。ところが、あろうことかジャウマは結婚式の当日、式場を逃げ出してしまったのである。エリオノールが耐えられないほど醜かったからなのか、あるいは僧侶志願者として妻帯はしないという堅い決心の結果なのかは明らかではない。

いずれにせよ、カスティーリャ側は怒り狂った。当然である。

このエリオノールが、後にアルフォンス三世の後妻となる。エリオノールは王との間に二人の男子、フェランとジュアンをもうける。しかし、王位継承権は、王と最初の妻アンテンサのタレザとの間にできたペラにある。

エリオノールとしてはジャウマとの一件で顔に泥を塗られた経験もある。

「あんたの兄さんのおかげで、私はその後ろくな嫁ぎ先もなく、結局はあんたの後添えになるしかなかったのよ」

どうにも腹が立ってしかたがない。「恵み深い」王に迫って、自分の息子二人に、莫大な生前贈与をすることを約束させた。トゥルトザ侯爵領なるものをでっち上げフェランに与えるほか、バレンシア王国（カタルーニャ・アラゴン連合王国の一部である）のかなりの領土を与えることになった。ジュアンにも相当の贈与が約束された。

慌てたのはバレンシアである。

その決定が下されて数日後、宮廷にバレンシアの貴族ギリェム・ダ・ビナテアなる人物が転がるようにして駆けつけた。

「アルフォンス殿下、フェラン殿への贈与をどうかお取り消しください。この贈与が実現すれば、バレンシアはカスティーリャ王国の脅威にさらされることになります」

王の隣に座っていたエリオノールの顔色が変わった。すーっと血の気が引いたかと思うと今度は真っ赤になった。そして目には涙があふれはじめた。

「殿下、そんなことはなりませぬ。私の兄のカスティーリャ王がそんなことは許しませぬ」

板挟みになって王は困った。しかし、王権はさほど強くはない。臣下の貴族たちとの協定によって成り立っているのだから。ここは家庭の平和より国の平和を優先せざるを得ない。

「妃《きさき》よ。わが臣民は自由なのだ。彼らは私を王と認め、私は彼らを臣民、いわば身内として遇しているのだから」

と答えた。もちろん「恵み深き」穏やかな声で。

かくして、王国に重大な被害を及ぼしかねない決定はくつがえされた。しかし、一度王の口から出たことばは、たとえ後で取り消されたとしても、消えてしまうわけではない。ペラ三世の治世になって、「二人のペラの争い」という名で呼ばれるカスティーリャとの紛争の種を蒔《ま》くことになってしまった。

ちなみに、エリオノールは生涯つきに見放されたような女性であった。アルフォンス三世の余命がいくばくもないと知るや、王妃はフェランとジュアンを引き連れて、実家のカスティーリャ王国に逃げ帰った。ペラ三世派による仕返しを恐れたからである。しかし、実家も彼女には冷たかった。「二人のペラの争い」の際、カスティーリャ王国側のペラ、すなわち残忍王ペドロ(ペラはカスティーリャ語〔スペイン語〕ではペドロ)によって投獄の上、暗殺されてしまったのである。

ペラとペラの争い

息子のペラ三世(ペドロ四世、在位一三三六〜八七)の治世は対照的に五十年余にわたる長いものだった。

ジャウマ二世以降のカタルーニャ・アラゴン諸王は、イベリア半島の領土以外に、バレアレス諸島、コルシカ、サルデーニャ、シチリアの三島、およびギリシャの一部と細長く東に延びた領土の維持のための戦争に明け暮れることを運命づけられていた。

ペラ三世は、非常に激しい気性の持ち主で、強い王権を持った王を目指した。王の第一の目標は、歴代の王が獲得してきた領土を安定的かつ直接的に支配することであった。サルデーニャはもとより、マリョルカ、シチリア、ルサリョーなどの領土は、反乱、継承者争い、外圧などでしばしば動揺していたからである。

当然、王の治世は、戦争の繰り返しだった。なかでも、もっとも激しかったのが、すでに名前の挙がった「二人のペラの争い」だった。ペラ三世は父が蒔いた種から生じた紛争を刈り取らねばならなかったのである。バレンシア王国の一部の領有をめぐって、カスティーリャ王国のペドロ一世「残忍王」（在位一三五〇～六九）との間で争われたこの戦いは一三五六年にはじまり、一三六九年まで断続的に続いた。

ペドロ１世は異母兄のエンリケに殺害される

「二人のペラの争い」には、イベリア半島の覇権争いという一面もあったのだが、結局、カタルーニャ・アラゴン連合王国にとっては、人的損失、経済的疲弊をもたらしただけのなんら得るところのない戦争であった。（領土的野心を持つペラ三世と、異母弟ペドロ一世から王位を奪おうとするエンリケが共闘を組んだ。結局エンリケはペドロ一世を暗殺しエンリケ二世として王位に就き、この戦争唯一の受益者となった。)

このような度重なる戦役は、当然のことながら、巨額の戦費を必要とした。そして、出費は、もはや国王の強権だけでは、対応しきれない規模になっていたのである。

ジャウマ一世の時代に、貴族、僧侶に加え、都市の代表が参加するラス・コルツ (les Corts) と呼ばれる議会ができていたことはすでに述べた。

当時の人口の八、九割を占めていた農民や下層市民にとっては議会などは、その存在さえ知らぬほど縁遠いものだったわけだから、別に、中世カタルーニャが封建的社会ではなく、民主的社会であったというわけではない。単に、王と支配階級の間で、支配階級の特権を保障する仕組みがあったということにすぎない。

「朕のことばが法である」式に、王が強権をふるって何でも決めてしまうことを制限する協約を王と支配階級が結ぶ。このような仕組みは他のヨーロッパ諸国にもあった。しかし、きちんとした定義を持った制度として確立されていたのは英国とカタルーニャぐらいであったということは言える。協約主義の代表的イデオローグはペラ三世の庇護を受けていた僧侶にして文人のフランセスク・アシメニスである。彼は百科全書的な書『キリスト教徒』の中で、王権が神によって与えられたものでも、自然に備わっているものでもなく、協約によるものであると定義した。これは当時としては画期的なことだったのである。

それでは、カタルーニャにとって議会や「協約主義」が単なる王と支配階級のもたれあいにすぎなかったのかというとそうではない。

すぐ後に述べるように、バルセロナ伯爵家が断絶し、カタルーニャには、隣国のカスティーリャ系の王が立つことになる。カスティーリャ王国は、典型的な「朕のことばが法である」タイプの国である。もし、この協約主義の伝統がなければ、カスティーリャ流の王の強権主義によって、カタルーニャのアイデンティティは押しつぶされてしまったに違いないからである。

さて、この議会は常に開かれているわけではないので、常設代表部としてディプタシオ・ダル・ジャナラル、つまりジャナラリタットが設置されていたということもすでに述べた。しかし、このジャナラリタットの形式が確定し、実質的に機能しはじめるのが、実は、ペラ三世のときなのである（一三六三）。理由は簡単。王室の財政が危機に瀕《ひん》し、戦費調達のために議会の同意を得る必要が頻繁にあったからである。どれほど王室が困っていたかということを明らかにするには、ペラ三世の跡を継いだジュアン一世が死んだとき、資金不足で王にふさわしい棺桶《かんおけ》が用意できなかったことを挙げるだけで十分であろう。

さしもの豪腕のペラ三世も、貴族や市民たちの前に膝を屈せざるを得なかったわけである。

ペラ３世「儀典王」

ペラ三世の治世

こうして書いてくると、ペラ三世のイメージは、戦争好きの浪費家ということになってしまいそうだが、それは公平な描き方ではない。ペラ王にはそれとはまったく異なる側面があったからである。

まず、ペラ三世はバルセロナに多くの建造物を残した。

中世の都市は外敵から身を守るために市壁で囲まれていた。バルセロナも例外ではない。市壁は防御に役立つと同時に、都市の拡張を制限する。

現在は海洋博物館になっている造船所

ローマ時代の市壁は実に小さい。バルセロナ大聖堂から歩きはじめて十五分もあれば一周できてしまう。

そこでジャウマ一世が新しい市壁を作った。今度は、現在のランブラス通りからロンダ・サン・ペラ通りをめぐるかなり大きなもので、完成までに百年以上を要している。

しかし、その後のバルセロナ市の発展によってこれでも手狭になってしまった。そこで、ペラ三世が新たに、ランブラス通りの西側を含む新しい市壁を作ったのである。この部分はリベラ地区と呼ばれており、当時は畑だった。十分にスペースがとれる上に、籠城戦となったときには食料の補給にも役立つ。一石二鳥というわけである。現在、この地区は「チノ地区」と呼ばれる、市内一治安の悪い場所になってしまっているが。

そのほか、ペラ三世が手がけたか、もしくは王の治世以前から建設がはじまっていて、在位中も継続されたものには、バルセロナ大聖堂、ドラサナス（造船所）、リョッジャ（商品取引所）、市庁舎、ティネイ広間、サンタ・マリア・ダル・ピ教会、サンタ・マリア・ダル・マル教会、サンタ・マリア・ダ・パドラルバス修道院などおびただしい数にのぼっている。これらの建造物はほとんど現在まで保存されていて、「ゴシック街」と呼ばれる旧市街の中核をなしている。

サンタ・マリア・ダル・マル教会

「ゴシック街」がバルセロナ観光の目玉の一つとして多くの観光客を集めていることを思えば、ペラ王の投資は先見の明のある、効率的なものであったと言えよう。

先に見たとおり、ペラ三世の治世には飢饉や、ペストの大流行期が含まれている。それほどの社会的危機に見舞われながら、なぜこのような大建造ブームが実現したのか。

そう思ってしまうのは、例によって現代の目で中世を見ているからなのである。

飢饉やペストの流行などに対して為《な》すすべを知らなかった中世人の多くは、素朴な信仰に戻ろうとしたのである。つまり、これほどの苦しみにあうのは、それまでの人々の暮らし方に神が腹を立てたからなのだ、なんとかして罪をつぐなわねばならない、という考え方である。自らの体に鞭打《むちう》って贖罪《しょくざい》をする運動がはやったのもこのころである。教会、修道院などの宗教的建造物の建設に人々が情熱を注いだのも不思議ではない。たとえそれが鞭打ち同様に辛《つら》い負担になろうとも。

ペラ三世は、あだ名を「儀典王」という。豪胆な戦いぶりからは想像もできないことだが、王はこまごまとした儀典にうるさかった。また、この性格と関係があるのかもしれないが、かなりの文化人でもあった。詩も書いたし、年代記ものした。先に名前の出たアシメニスのほか、前ルネサンス期最高の作家の一人とされるバルナット・メッジャなどの文人をかかえ、多くの画家や彫刻家などのパトロンにもなった。

大規模な都市建造、儀典マニア、文人・芸術家好き……こうしてみると、ペラ三世は、ただの目立ちたがりやだったのかもしれない。

ジュアン一世

ペラ三世は二人の息子に恵まれた。跡を継いだ長男のジュアン一世（在位一三八七〜九六）は「狩人王」という奇妙なあだ名で知られている。また「優雅さの愛好者」「不真面目王」というあだ名も与えられているが、この二つも最初のあだ名に劣らず奇妙である。

要するにこの三つのあだ名は、王の人となりの三つの側面をよく伝えているのである。まず、最初のあだ名は、王には狩りぐらいしか取り柄がなかったことを示している（王が死んだのも狩りの最中であった）。二番目のあだ名は、王が詩歌、芸能にうつつをぬかしていたことを、そして三つ目は政治をおろそかにしていたことを、それぞれ表しているのである。

ジュアンは、父ペラ三世と折り合いが悪かった。勇猛果敢な戦士にして、壮大な都市計画者であった父と、遊びばかりに熱中する放蕩《ほうとう》息子、気が合おうはずはなかったが、不仲を決定的にしたのが、ジュアンの結婚問題だった。

父は、シチリア領有の安定化のために、長男をシチリア王女マリアと結婚させるつもりだった。しかし、フランスかぶれのジュアンは、これを拒否、フランス王シャルル五世の姪ビオラン・ダ・バルと結婚してしまったのである。

また、ペラ三世がジュアンらの母の後妻としてフルティア家のシビラと結婚したことが、親子間の亀裂をさらに深めた。シビラは実家から兄弟、親戚、取り巻きを引き連れてきて宮廷を独占してしまったからである。ジュアンとその妻ビオランは、王妃シビラの戴冠式をも欠席したほどであった。

結局、ペラ三世の死後、ジュアン一世はこの継母を獄につないでしまう。後にアビニョン教皇となるアラゴンのペドロ・デ・ルナのとりなしがなかったら、シビラは刑死か獄死を遂げていただろう。エリオノールにせよシビラにせよ、庇護者たる夫が死んだとたんに政敵に投獄されてしまう。中世の宮廷の人間関係とは、実に過酷なものである。

ジュアンは妻ビオランとは仲が良かった。父の反対を押し切ってめとった妻なのだから当然といえば当然かもしれぬが。いや、仲むつまじいというよりはジュアン一世がビオランの尻に敷かれていたと言ったほうがよい。ジュアン王は優柔不断、意志薄弱で、自ら決定を下すという能力に欠けていたからだ。

自然、ビオランは政治をも仕切るようになる。ビオランの周辺には、お気に入りの廷臣、女官が集まり、お追従の限りを尽くし、自らの利益を図る。フランス寄りの政策を王に取らせようとする。

心ある家臣、市民からは不満が噴き出すが、一度このような図式ができ上がってしまうと、諫《いさ》めようとしても、その声は王の耳には届かない。たとえ届いたとしても、王が反応したかどうかは疑わしいが。

ジュアン一世とビオランの気が合ったのは、二人とも、文芸、歌曲といった遊びが大好きであったからでもあった。この意味では、彼らはカタルーニャ文化の振興に功績があったと言える。前出のアシメニスやバルナット・メッジャは引き続き活躍を続けており、ジュアン一世の治世はカタルーニャ中世文芸の一つの黄金期であった。プロバンスに倣い、詩の競技会「花の

聖遺物移動行列　マルティー1世、息子のマルティーの顔も見える

宴」(els Jocs Florals)を開催しはじめたのもジュアン一世とビオランのコンビだった。

しかし、彼らの贅沢《ぜいたく》趣味と、寵臣《ちょうしん》政治はとめどもなく王室財政を圧迫した。狩りのときに急死したジュアン一世がまともな棺桶さえ作ってもらえなかったことはすでに述べたとおりである。

バルセロナ伯家の断絶

ジュアン一世の跡を継いで王位に就いたのは弟のマルティーであった。マルティー一世(在位一三九六〜一四一〇)は「人情王」というあだ名を頂戴している。彼の性格が温厚であったことに由来するあだ名である。一方、このあだ名は「ヒューマニスト」つまり「人文主義者」と解することもできる。王の文化に対する愛好を物語るあだ名でもあるわけだ。

期せずしてカタルーニャ・アラゴン連合王国の王位が懐に転がり込んできたマルティー一世は、政治、財政の立て直し、シチリア、サルデーニャなどの支配の安定のために奔走した。かのアビニョン教皇を出したルナ家のマリアと結婚したのだが、この女性が有能な伴侶で夫をよく助けた。非常に難しい状況で王国を引き継いだにしては健闘したといってよいだろう。

たった一人ではあったが、跡取り息子にも恵まれた。ところが、この息子（父と同名のマルティーという）は、サルデーニャの反乱鎮圧に向かったまま、帰らぬ人となってしまうのである。一説によれば、このマルティー・ジュニアは、先祖伝来の伝統に忠実なことに、大変な女好きで、サルデーニャ島のとある女性にたらしこまれた結果、過労で死亡したという。

死因などは問題ではない。

たった一人の跡継ぎが死んでしまったことが大問題なのだ。すでに妻に先立たれていた王は慌てて再婚する。しかし、ついに跡継ぎは生まれなかった。しかも、無理がたたったのか、五十代前半で他界してしまった。

王は、息子マルティーが残した庶子フレデリックに王位を継がせたいと思っていたらしく、なかなか後継者の指定をしなかった。そしてそのままの状態で死んでしまった。

ここに、ギフレー「毛むくじゃら伯」以来、五世紀にわたって続いてきたバルセロナ伯爵家の家系は途絶えることとなったのである。

社会的危機、経済危機、そしてこの政治危機、かつての地中海帝国はまさに落日のときを迎えようとしていた。

ビセント・ファレーという奇妙な坊さんがいる。後に聖人に列せられたので、聖ビセント・ファレーということになる。

彼は、教皇の告解師にも任命されたぐらいだから、教会内でも大変な出世をした。もちろん、王侯貴族の間を上手に泳ぎ切った証《あかし》である。

しかし、彼が有名なのはむしろ、その神がかり的な説教で民衆の絶大な人気を勝ち得たことによる。飢饉、ペスト、社会的危機と、世相が暗くなってくると、いわゆる「心の支え」を人々は必要とする。しかも、問題を一挙に解決してくれる超自然的なご神託か、心の奥底をゆさぶって罪を悔い改めずにはいられなくなるような説教、贖罪の苦しみの中に現実の苦悩を忘れさせてくれる説教を求める。聖ビセント・ファレーの説教は後者であった。

ビセント・ファレー

彼は、決して説教の原稿を用意したりはしなかった。民衆の顔を見、その求めるところを汲《く》み、即興的に民衆を酔わせるような熱狂的な説教を行った。彼は、ヨーロッパ各地を説教して歩き、どこでも大変な成功を収めた。ロバに乗って行く彼の後ろには、自らの体に鞭を打ちなから進む三百人もの人々が従ったという。

イベリア半島各地はもとより、フランス、スイス、イタリアと各地で原稿もなしに説教したわけであるから、さぞや語学に堪能であったろうと思われるが、実はそうではない。彼はどこへ行ってもカタルーニャ語で通した。そして聴衆はなんの問題もなく彼の言うことを理解した。これを奇跡と見るか、あるいは南ヨーロッパの諸言語が近親関係にあるために可能だったのだとクールに見るか、解釈は分かれようが。

現代カタルーニャ一の博学の作家ジュアン・パルーチョが引用している当時の文書によれば、聖ビセント・ファレーのバルセロナ訪問の様子は次のようだったという。

現在の「天使の門」通り

カタルーニャ出身でバレンシアで聖職についた聖ビセンテ・フェレール（聖ビセント・ファレー）のなんどか目のバルセロナ訪問の折（一四〇九年の当市の記録によれば、その年の訪問の際には、聖人の後ろに三千人が徒歩で続き、公庫からの支出で全員の面倒を見たとのことである）、聖人がバルセロナ市に入ったところ、門の上に抜き身の剣を持った凜々《りり》しい若者が立っているのが見えたという。天からの光によってそれと知った聖人は若者にこう言った。「神のお使いよ、ここで何をしているのですか?」すると若者はこう答えた。「私は天上のお方の命令により、この都市を守っているのです」(筆者訳)

この場所は現在でも「天使の門」と呼ばれている。聖ビセント・ファレーが死んだときには、競ってその死を悼むかのように部屋の窓から無数の白い蝶《ちょう》が飛び込んできたと言い伝えられている。

さて、ここで聖ビセント・ファレーの名を出したのは、彼が、マルティー一世亡き後のカタルーニャ・アラゴン連合王国国王の決定に重要な役割を果たしたからである。

前述のように、マルティー一世が嫡子を残せずに(しかも、後継者も指名せずに)他界した結果、空位時代が発生してしまった。

理論的に、一番の継承権を有していたのは、ウルジェイ伯ジャウマ二世であった。伯はカタルーニャ・アラゴン連合王国国王アルフォンス三世の曽孫にあたる。当時は、通常皇太子が就く王国総督の地位にあったので、その意味から最有力候補であった。

しかし、ジャウマは権威主義者として知られており、ジャウマが王位に就くと、王と大貴族による専制的政治が行われることになると恐れたブルジョアジーや中小貴族が反対にまわった。

そして、少しでも継承権がありそうな候補者を次から次へと挙げてきたのである。

生前、王の意中の人であったと思われるルナ家のフレデリック、アンジュー家のリュイス、フェルナンド・デ・アンテケーラ、アルフォンス・ダ・ガンディア、ジュアン・ダ・プラダス。

結局、連合王国を構成していたアラゴン、カタルーニャ、バレンシアから三人ずつ代表が出て、カスプ城で継承者を話し合いで決定することとなった。

会議では、終始、アビニョン教皇のベネディクトゥス十三世（アラゴン出身のペドロ・デ・ルナ）の意を受けた聖ビセント・ファレーが盛んに策動した。その結果、教皇の意向通り、カスティーリャ系のフェルナンド・デ・アンテケーラが六票の過半数を獲得し、継承者となった。フェルナンド支持者の理屈は、フェルナンドはマルティー一世の妹エリオノールとカスティーリャ王ファン一世の間の子であり、マルティーの男の親戚としては一番近い親戚であるというものであった。もちろん、真の理由は他にあった。教皇は、聖ビセント・ファレーを通してアラゴン、カタルーニャそしてカスティーリャに対して影響力を持つことを狙っていた。そして、いわば外国人であるカスティーリャ系の王に投票したカタルーニャのブルジョアジー代表は、話し合いによって選ばれた外国人の王のほうがウルジェイ伯よりは「協約」を守ってくれる可能性が高いと読んだのである。

カスプの会議で演説するビセント・ファレー

この決定に、自分こそ最有力候補だと信じていたウルジェイ伯ジャウマ二世は怒り狂った。そして兵を起こした。しかし、国王軍に打ち破られてしまった。

こうして、フェルナンドはファラン（フェルナンド）一世（在位一四一二〜一六）として、アラゴンの新しいカスティーリャ系の王家トラスタマラ朝初代の王となったのである。

カタルーニャのブルジョアジーや中小貴族たちは、この決定を歓迎した。しかし、最初にガツンと一発、カスティーリャとは違ってカタルーニャでは、王は絶対的支配者ではないのだということを思い知らせておくことが必要だった。

新しい王が決まり、ファランがアラゴンの国境までやってきた。アラゴンとバレンシアの代表は、国境を越え、馬から降りてひざまずいて王を迎えた。しかし、カタルーニャの代表だけは、王が国境を越えてくるのを待った。しかも、馬に乗ったままで。

ファラン1世

カタルーニャでは何事も臣民の合意なしには進められないのだということを象徴的に示したわけである。

カタルーニャ・ブルジョアジーと中小貴族の思惑は、少なくとも、最初のうちは当たっていた。それを物語る逸話を次に紹介したい。

あるとき、ファランは、バルセロナ市から強硬な抗議を受けた。王の召使いたちが、鮮魚にかけられている税金を払わないというのである。王は一瞬きょとんとした。

「私は王じゃ。王は国家じゃ。税とは民が国に支払うもの。なぜ、私が国、すなわち私自身に税を支払わねばならぬのか」

おそらくこのようなことを言ったのだろう。それがカスティーリャ王家のメンタリティーである。

しかし、市の代表は譲らない。カタルーニャでは王イコール国家ではない。王は民との協約によって統治を任されているにすぎないからだ。いわゆる「協約主義」である。

「なるほど」と言って引き下がるほど、王が物分かりがいいわけはない。面子《メンツ》もある。しかし、ここで市とことを構えるのは、統治の日も浅く、基盤の固まっていない今は得策ではない。

結局、王は、執事の一存で、という形で市に税を納めたのである。

「教会大分裂」とファラン一世

ところで、バルセロナ伯家の断絶と、カスティーリャ系の王ファラン一世の即位は、「教会大分裂」と妙な係《かか》わりがある。「教会大分裂」とは、ローマ教皇とフランス王の権力争いから、ローマとアビニョンに教皇が二人誕生してしまったという、例の珍妙な事件である（一三七八）。神と人間を仲介する役目の教皇を、人間の勝手で二人も選んでしまっていいものか、と思うのだが、事態はさらに混乱する。一四〇九年のピサ宗教会議では、分裂解消のため新たに統一教皇を選んだが、今までの二人が教皇の位を手放そうとせず、結局、三人の教皇が立つという滑稽な結果になってしまった。この後、教会批判や教会改革の運動が激化するのも無理からぬことである。

さて、ファランは、アビニョンの教皇ベネディクトゥス十三世の後押しで王位を手にしたのであるから、当然、アビニョン派であった。ベネディクトゥスはすでにフランス王の支持をも失っており、カタルーニャ・アラゴン連合王国国王はいわば、彼にとって最後の砦だったのである。

しかし、コンスタンツ宗教会議（一四一四～一八）における教会統一の決定、および神聖ローマ皇帝ジギスムントの圧力に、ファランも屈せざるを得なかった。ベネディクトゥスにとっては、腹心の聖ビセント・ファレーに見放されたことも痛手だった。聖人は、教会のことよりも自らの保身に腐心する教皇に愛想を尽かしてしまったのである。

結局、ベネディクトゥスは、バレンシア地方の海岸から突き出た、三方を海に囲まれた孤城ペニスコラに引っこむことになった。教皇を自任したままで。そして、自らを見捨てたファラン一世を恨みつづけた。

「わしは、取るに足らない存在であったお前を王にしてやった。そのおかえしに、お前はわしを見捨てた。お前は短命だろう。しかもお前の血筋は四代と続かないだろう」

これが孤独な教皇のファランへの呪詛《じゅそ》であった。それだけではない。教皇は、毎日、繰り返し、ファラン一世を破門しつづけたのである。もはや正気の沙汰とは言いがたい。

ファラン一世は、王としては有能であった。地中海の領土を保全し、ナポリ進出の足がかりも作っている。

また、カスティーリャ人としてはカタルーニャの「協約主義」を尊重したほうであった。少なくともその努力は認められた。一四一三年の議会では、「協約に基づく法に反する王の特権は無効である」という、画期的な決定が採択されている。これはイギリスやフランスの例に数百年先立つものとして注目されてよかろう。

もっとも、王が「協約主義」に感服してこのような態度をとったというわけではない。カタルーニャ・アラゴン連合王国の王位に就きそこなったウルジェイ伯ジャウマ二世の反乱(一四一三)という危機にみまわれて、議会と対立するわけにはいかなかったのである。それが証拠に翌年のタラゴナ近郊モンブランでの議会では、この議決の更新を拒否している。

ベネディクトゥス十三世の呪いが効力を発揮したのか、ファラン一世は病を得、一四一六年、在位わずか四年で没してしまった。当の「教皇」は、ペニスコラの孤城で九十五歳という当時としてはまさに奇跡的な長寿を全うした。しかも、「教皇」位を後継者のクレメンス八世に残して。したがって、カタルーニャ・アラゴン連合王国では、教会大分裂はこの最後の「教皇」

が退位する一四二九年まで継続したことになる。

アルフォンス四世「寛大王」とナポリ王国の夢

ファラン一世の長男、アルフォンス（一三九六〜一四五八）は、王位という点では、父親に輪をかけた幸運児であったといえる。父親が王に選ばれたおかげで、思いがけず皇太子となり、しかも、ファラン一世は在位たった四年で没してしまったからである。

アルフォンスは父同様カスティーリャの生まれで、初めてカタルーニャの地に足を踏み入れたのは十六歳のときであった。当然、カスティーリャの風習が身についているし、カタルーニャ語も話せない。また、晩年病がちだった父を助けて国政にかかわっているうちに、カスティーリャとカタルーニャの王権のありかたの違いについても気づいていた。すなわち、カスティーリャでは王権は絶対であったのに、カタルーニャでは貴族や市民、果ては職人までが大きな顔をして王に注文をつけてくる。アルフォンスにとってはどれも気にくわぬことばかりだったに違いない。

ただ一つアルフォンスの気に入ったのは海であった。生まれ故郷のカスティーリャのメディナ・デル・カンポは内陸の都市で、ドゥエロ川こそ近くを流れているが、淡い水色の美しい水をたたえた地中海、ヨーロッパ文明の揺りかごである地中海とはくらぶべくもない。そして、衰えたとはいえ、地中海を股にかけて活躍したカタルーニャ人たちの中に残っている冒険精神

アルフォンス4世「寛大王」

も王には好もしいものに思えた。

　これから見ていくように、アルフォンスが終始カタルーニャをないがしろにし、また強烈な地中海志向を持ちつづけた背景にはこのような心情があったのであろう。

　父の死に伴って、アルフォンスは一四一六年、アルフォンス四世（アルフォンソ五世）としてカタルーニャ・アラゴン連合王国の王位に就いた。このときアルフォンスは二十歳、才気にあふれるエネルギッシュな若者であった。しかし、同時に、向こう見ずで軽率なところのある若者でもあった。

　アルフォンス四世が即位したとき、王国は危機的な状況にあった。国内には、貴族、富裕市民と職人、中小商人の対立、農奴同然のラメンサ農民の一揆《いっき》などの問題があり、地中海ではジェノバとの対立という深刻な問題があった。

　王がまず手がけたのはジェノバ対策であった。「手がけた」というよりは、「飛びついた」と言ったほうがいいかもしれない。地味な国内行政などは性に合わないのである。

　アルフォンス王は、カタルーニャ地中海遠征の話を聞くのが好きだった。サルデーニャの戦い、アルモガバルスによるトルコ征伐とギリシャ占領……なんと勇壮ではないか。ジェノバを叩く、それは、かつての栄光の再現にほかならなかった。そして、王は、密かに、その向こうに一つの夢の実現を思い描いていた。ナポリ王国の領有と、新たな地中海帝国の建設である。たしかに、ジェノバ問題は重要ではあった。カタルーニャが地中海への進出をはじめて以来、カタルーニャは貿易都市国家ジェノバにとって目の上のたんこぶであり、また、カタルーニャにとってジェノバは目の上のたんこぶであったのである。犬猿の仲、不倶戴天《ふぐたいてん》の敵同士である。両者の対立はジャウマ二世の治世以降、約百年にわたって続いていた。本格的な戦争だけでも、一三二九年から三六年、一三五一年から六〇年、一四〇九年と三回にわたって行われている。しかも、この最後の戦いではバルセロナ伯爵家の跡取りであった皇太子マルティーが戦死し、伯爵家断絶の原因となっているのである。

内政問題が山積みな上に、海外遠征となれば膨大な費用がいる。しかも、今回は経済的見返りがあまり期待できそうもない。議会は援助を渋った。王がしきたりに反し、開会宣言をカスティーリャ語でやったことも反感を買ったのかもしれない。しかし、王はめげずに、なだめたり、脅したり交渉を重ねて金を引き出し、ついに一四一九年、第一回目の遠征に出発する。念願の地中海遠征である。

まず、目指すはサルデーニャ島。しかし、常にジェノバとの争いの舞台であったこの島の情勢を安定させるという当初の目的は完全に果たせたとは言えない。次にコルシカ島占領に向かうがこれも失敗。

ところがまだ運に見放されていたわけではなかった。最終目的地であったナポリでの戦闘

(一四二一)ではまずまずの成果を上げることができた。しかも、ナポリ王国女王ジョバンナ二世にみそめられ、跡継ぎに指名されて王国はもはや自分のものになったも同然と思われた。ナポリ王国といえば、イタリア半島の半分を占める大国である。美しい風景と洗練された趣味の宮廷。アルフォンスは、夢見心地、来たかいがあったと思ったことだろう。

しかし、女王の心変わりによって事態は一変する。こともあろうに、女王は、これまたカタルーニャの長年のライバルであるアンジュー家のプロバンス伯ルイ三世に鞍替《くらが》えしてしまったのである。

「今に見ていろ、この借りはきっと返すぞ。俺は戻ってくるからな」

とばかり、王は悔し涙をこらえて、美しきナポリの港を後にしたのであった。

帰途、ルイ三世の所領マルセイユに立ち寄ってさんざん略奪、破壊を働いたのはその腹いせ以外の何物でもない。

こうして、資金を使い果たし、「凱旋《がいせん》」というにはあまりにみすぼらしい成果を携えて、王はバルセロナに戻ってきた。

その後、アルフォンス四世は、アラゴンの王子である兄弟を助けて、カスティーリャ王国に首を突っ込んで戦争に巻き込まれたりする。一時は、いっそ自分がカスティーリャの王になってしまおうかと思った時期もあったようだが、地中海の魅力には抗しきれなかった。

再び議会をなだめすかし、王は海外遠征に出発する(一四三二)。

今回はまず、北アフリカはトリポリ方面に向かった。ついでイタリアへと北上し、ポンサ島海戦で宿敵ジェノバに決戦を挑んだ。

結果は、カタルーニャ海軍の大敗であった。アルフォンス王、その兄弟そして百人を超える貴族たちがジェノバの捕虜となってしまう。カタルーニャ海軍史上かつてない屈辱の敗戦である。

しかし、王の命運はまだ尽きてはいなかった。捕虜の管理を任されたミラノ公が、多額の身代金(カタルーニャ議会が支払った)と引き換えに王たちを解放、しかも、王のナポリ征服を後押しすることを約束したのである。こうして、それから六年を要したものの、アルフォンス四世はついに夢にまで見たナポリ王国を手に入れたのである(一四四二)。

ナポリの王となった今、アルフォンスは、口うるさい家臣やわずらわしい内紛の待つバルセロナなどに少しの未練も感じなかった。ナポリの宮廷に文人や芸術家を集め、美しいばかりではなく、コケティッシュで、洗練された趣味を持つ愛人ルクレツィア・ダラニョとともにこの上もなく満足して日々を送った。

アルフォンスは幸福であった。そして幸福のあまり、カタルーニャ・アラゴン連合王国国王でありながら、生涯二度とバルセロナに戻ることはなかったのである。

不幸なのは、アルフォンス四世の妻マリアであった。カスティーリャの王家の出身であるマリアは、アルフォンスが王位に就く前年に嫁いできていた。

マリアは聡明《そうめい》な女性であった。しかし、アルフォンスが求めていたのは聡明な良妻ではなかった。王は、自らもカスティーリャ出身でありながらマリアのカスティーリャ的野暮《やぼ》ったさを嫌った。ルクレツィアのような地中海の風に磨かれた、ちょっぴり危険な匂いのする優雅さを求めていた。

アルフォンスがバルセロナに未練を感じなかったのは、妻に一度も惹《ひ》かれたことがないというのも大きな理由の一つだった。

しかし、マリアは健気《けなげ》であった。夫の留守を守って、必死でカタルーニャの内政を安定させようとした。バルセロナの人々も、人柄の良いマリアを慕い、力を貸そうとした。しかし、いかんせん、王妃は王妃にすぎない。王の権威なくして、都市で、そして農村での不穏な情勢を押さえ切ることは難しい。なんども夫の許へ使者を送り、「どうか帰って欲しい。私のためではなく、国のために」と嘆願したが、何やかやと理由をつけて断って来るときは良いほうで、たいていはなしのつぶてであった。

こうしてアルフォンスがナポリでやに下がっている間に、カタルーニャ国内の情勢はますます深刻化していくのである。

「ビガ」と「ブスカ」の対立

アルフォンスは根っからの戦争好きだったのかもしれない。ナポリにあって芸術と快楽に明け暮れる日々を送りながらも、やがてそれに飽き足らなくなり、しきりに戦争の計画を練るようになった。あるときはカスティーリャに戦いを挑み、またあるときはジェノバを攻めつけて、あたり一帯を騒然とさせた。さらにトルコの脅威からコンスタンティノープルを救うことも画策したが、その落城を防ぐことはできなかった。

跡継ぎのなかったアルフォンス四世が、一四五八年、愛するナポリの地で息を引き取った後、カタルーニャ・アラゴン連合王国の王位に就いたのは弟のジュアン（ファアン）であった。ナポリ王国は庶子のファラン（フェルナンド）に与えられた。

アルフォンスが国をほっぽらかしにしてナポリで気ままな生活を送っている間に、カタルーニャの都市や農村（つまりはカタルーニャ中）ではてんやわんやの騒ぎになっていた。留守を預かる気の毒な妻マリアの手にはとうてい負えなかった、ということもすでに書いた。

まず、都市内の対立である。

十五世紀の半ばころ、バルセロナ市内は二つの大きな党派に分裂していた。一方は「ビガ」すなわち「梁《はり》」である。社会の屋台骨を背負っているのは自分たちだ、という自負から生じた命名である。その名のとおり、構成員は、土地持ちの富裕市民、大商人である。中小貴族や僧

ジュアン2世

侶もこちらに与していた。

そしてもう一方は「ブスカ」。「ブスカ」とは、かんな屑や木の小片などを意味する。取るに足らぬ、役に立たないものということである。構成員は、たしかに政治権力から言えば取るに足らぬ存在であった小商人、職人たちであった。しかし、実際の都市の産業の底辺を支えているのは彼らであり、その経済力にはあなどりがたいものがあった。

バルセロナ市会を牛耳っていたのは、当然「ビガ」であった。「ビガ」の中心勢力である大商人の基本政策は「自由貿易」と「通貨の高値安定」である。なぜならば、彼らは輸入業者だったからである。関税がなければ、外国製品が安く輸入でき、国内通貨が強ければ対外支払額は少なくてすむのである。

これに対し、「ブスカ」の主力は工業生産者であり、彼らの欲するのは「輸出増大」と「国産品の消費促進」である。そのためには「保護貿易」、「通貨の安値安定」という、「ビガ」の利益とはまっこうから対立する政策が必要となる。このような利害関係のほかにも、「ビガ」が独占する市政が公正でないことなどによる「ブスカ」の不満が蓄積されていた。

アルフォンスを継いで即位したジュアン二世は、当初、「ビガ」を支持した。金と権力の結びつきである。

ところが、やがて王は、「ビガ」の敵である「ブスカ」の味方をしたほうが、より多くの金を「ビガ」から引き出せることに気づいたのである。そして、ついに「ブスカ」が市会を独占するまでにいたった。これを見て、「ビガ」のある公証人は、「あいつらの代わりに山羊を議席に並べておいたほうがましなぐらいだ」と腹立たしげに言い捨てたのであった。

極めて限られた職業教育しか受けていない職人や商店主がはたしてまともな市政を行えるものかどうか、というくやしまぎれの発言であったのだろう。

農村においても、王の戦略は都市の場合とよく似ていた。つまり、封建領主の勢力を押さえるために、封建領主の悪特権の廃止と農奴身分からの解放を求めるラメンサ農民たちに肩入れしたのである。

ただでさえ一触即発という不穏な空気のなか、王にとってはまた一つ、やっかいな事件が持ち上がった。ビアナ王子（ナバラ王国の皇太子の称号）カルラス問題である。

ジュアン二世はカタルーニャ・アラゴン連合王国の王位に就く前に、アラゴンの西隣のナバラ王国の女王ブランカと結婚していた。二人の間には、カルラスという嫡子が誕生した。その後、ジュアンが王位に就いたわけだから、カルラスは、当然、ナバラ王国、カタルーニャ・アラゴン連合王国の皇太子ということになる。（ブランカはジュアンの前にシチリア王と結婚していたことがあるので、シチリア王国の王位継承にも彼は権利を持っていたことになる。）

ビアナ王子カルラス

ブランカは気立ての良い貴婦人で、カルラスにとってもこの上もない母であった。そして、この母が死去することによってカルラスの運命は一挙に暗転してしまうのである。

ケチのつきはじめは母の遺言であった。ナバラ王国王位は息子のカルラスに遺す、ただし父ジュアン二世の同意を必要とする、というものである。生涯良妻を演じつづけたブランカらしい、夫をたてる文言である。しかし、この気配りが災いした。おそらくブランカは、夫が反対するはずはないと考えて、儀礼的にこの文句を添えたのだろうが、ジュアン二世は、妻が思っていたよりもはるかに欲深い人間であった。同意しなかったばかりか、ナバラ王国の王座に自分が座ってしまったのである。

二十歳であったカルラスは、慌てて隣国のカスティーリャに助けを求めた。これが話をさらにややこしくしてしまった。カスティーリャ王国とジュアン二世は、当時、険悪な関係にあったからである。

カルラスの二つ目の不運は、父ジュアン二世の女性の好みであった。ジュアン二世は、兄同様、ブランカのような良妻賢母型の女性よりは、むしろ毒婦に近い危険な女性が好みであった。再婚相手は、三十歳近く年下の、半分ユダヤ人の血を引く、カスティーリャの海軍提督の娘ジュアナ・エンリケス。彼女がまさにジュアン好みの野心旺盛な女性だったのである。

一四五二年に、ファランが生まれると、ジュアナは、当然、将来、自分の息子を王位に就けたいと思うようになった。カルラスの立場はますます苦しいものとなったのである。やむなくカルラスは、伯父アルフォンス四世の治めるナポリ王国へと逃げるように旅立った。しばらくすると、父ジュアン二世からナポリに書状が届いた。和解したいので戻ってこいというのである。

さんざんひどい仕打ちを受けながらも、カルラスは、父がなんとかしてくれるという淡い期待を抱いていた。この知らせに胸を躍らせてカタルーニャへと帰国する。しかし、カルラスを待っていたのは和解の熱い抱擁ではなく、投獄の命令であった。

「父上、話が違うではありませんか」

涙ながらに訴えるカルラスにも、父は冷たく背中を向けるだけであった。一度自分に逆らった息子を王は許してはいなかったのである。

また、自分好みの若き王妃と、かなりの高齢になってから授かったファラン、やっかい者のカルラスと比べてどちらに王の寵愛《ちょうあい》があったかは明らかであろう。

この投獄に対し、カタルーニャ住民が怒りを露わにしたことはジュアン二世の計算外であった。カタルーニャ議会はすぐさまカルラスを解放するように王に要求した。

カルラスは、弱々しい体格で、性格もどちらかといえば優柔不断であった。文芸を愛し、アリストテレスを訳したり、投獄された期間を利用してナバラ王の列伝を書いたりしている。戦士というよりは宮廷人のタイプである。この母性本能をくすぐるような青年が、傲慢な父親と継母にいじめられている、という図は判官《ほうがん》びいきの民衆にとって非常にわかりやすい構図だったということも言えよう。

いずれにせよ、カルラスはあっという間に反ジュアン二世の旗印となってしまった。終始横車を押すようなジュアン二世の権威主義的な姿勢が、カタルーニャの「協約主義」に反するというカタルーニャの怒りがその背景にはあった。

これに驚いたジュアン二世はやむを得ずカルラスを解放し、和解の上、諸権利を復活させてやる。かくして、カルラスは市民の歓声に迎えられてバルセロナに入城したのであった。しかし、カルラスにとって、いや、むしろジュアン二世にとって不運なことにカルラスはその三ヵ月後、肺結核で死んでしまうのである(一四六一)。

美化された死者は永遠である。カルラスは、ジュアン二世反対派にとっては殉教者、聖人のごとき存在になってしまった。カルラスの遺体は奇跡を起こすという噂が流れたほどである。

都市では、「ビガ」と「ブスカ」の対立、さらに、その中での急進派と穏健派の争いなど複雑に渦巻いていたが、この事件をきっかけに、事態は、一挙にジュアン二世対カタルーニャ地方議会(ジャナラリタット)という図式に単純化され、ついに十年にわたる内戦が勃発するのである(一四六二〜七二)。またラメンサ農民問題もこの混乱の中で、根本的解決のないままやむやになってしまう。
一四七二年、バルセロナ郊外のパドラルバスにおいて、一応講和条約が結ばれ、内戦は終結するが、カタルーニャがかかえていた問題は何一つ解決されておらず、この内戦は国土を荒廃させるだけの虚《むな》しい戦いであった。

カトリック両王

「スペイン」統一

ジュアン二世が八十一歳という記録的な高齢で死去し、その望み通り息子のファランがファラン（フェルナンド）二世として王位に就いたとき（一四七九）、カタルーニャ・アラゴン連合王国はすでに大国ではなかった。地中海に領土こそ保有しているものの、国内は内戦でぼろぼろになり、かつての地中海帝国の面影はそこにはなかった。

ファラン二世の即位が、カタルーニャ・アラゴン連合王国の運命に決定的な意味を持ったのは、ファランがまだ皇太子のころに、後にカスティーリャ女王となるイサベルと結婚していたからであった（一四六九）。

イサベルが即位し、ファランが即位することによって、二人は

「王同士」という豪華カップルとなった。ただし、カスティーリャ王国とカタルーニャ・アラゴン連合王国は法律的にはあくまで別の国で、その王同士が夫婦になり両国間に人的な結びつきが生じたということではあったのだが。

とはいうものの、二人の相性が極めて良かったために、両国はあたかも一つの国であるかの印象を他国には与えた。Tanto monta monta tanto Isabel como Fernado. という有名な句がある。イサベル女王、フェルナンド（ファラン）王、権力はどっちもどっち、という意味である。二人の折り合いが良かったというのは、おそらく、性格上の相性だけではなく、王としての有能さにおいて優劣がつけがたく、二人ともそれを認めてお互いを尊重していたからなのだろう。

イサベルの母は精神的に不安定なところがあり、またイサベルの娘フアナも「ラ・ロカ」（ロカは「正気でない」の意）とあだ名されたように、正気とは思えない振る舞いが見られた。イサベルは、多分、常人の限界すれすれのところでとどまって、ただならぬ統治の才能を発揮したのではないだろうか。

一方、ファランの名君ぶりは、マキアベッリの『君主論』で賞賛されるほどであった。

> 私たちが私たちの時世のなかで持っているのは、現在のスペイン王、アラゴン家のフェッランドである。この人物を新しい君主と呼んでまずよいであろう。（『君主論』河島英昭《かわしまひであき》訳、岩波文庫）

ここでファランは、フランチェスコ・スフォルツァやチェザーレ・ボルジアと並べて「新しい君主」像の典型として称えられているのである。（ついでながら、ボルジア家はバレンシア、すなわちカタルーニャ語圏の一族である。）

この両王の下、イベリア半島では、最後のイスラム王国であるグラナダ王国が陥落し（一四九二）、さらに、コロンブスの新大陸到達が実現する。まぎれもなく、後のスペイン帝国の第一歩がしるされたのである。

ただ、相性だけで強烈な個性の持ち主同士のこのカップルを長持ちさせることは難しかろう。それなりの努力を二人はしたのである。たとえば、一四七五年の申し合わせでは、書類に両者が署名するときにはイサベルが常に先となるが、国の紋章は常にアラゴンの紋章が先になることが取り決められている。譲り合いの精神こそ夫婦円満の秘訣《ひけつ》だったわけである。

さて、ファランとカタルーニャの関係に戻ろう。

ファランとカタルーニャの最初の接触は不幸なものだった。アラゴン生まれのファランがカタルーニャの地を最初に踏んだのは、まさに前述の王とカタルーニャ議会（ジャナラリタット）間の内戦の最中のことだったのである。

場所は旧カタルーニャの要衝ジロナ。ジャナラリタット軍に攻め立てられ、国王軍は窮地に陥っていた。ジロナの市壁は破られ、ファランと母のジュアナは命からがら城に逃げ込むのが精一杯であった。

そこここから上がる火の手、道にはうめき声を上げる兵士や市民、戦死者があふれている。城に立てこもってからも、かさにかかって攻めかかってくる敵軍の声がすぐ近くに聞こえて来る。

「母上、恐い！」

「何を言っているのです、ファラン。あなたは将来の王なのです。気をしっかり持ちなさい！」

結局、フランスからの援軍によってファラン親子は救い出されるのだが、それまでの間の恐怖は十歳の子どもには耐えがたいほどのものであっただろう。

ジロナの大聖堂

カタルーニャの第一印象がこのように極めて悪かったことが、その後のファランの反カタルーニャ的政策を決定付けたとする研究者もいるほどである。
たしかにファラン二世の施政は、カタルーニャびいきであるとは言いがたかった。行政の責任者に多くカスティーリャ人を登用したこと、宮廷の用語をカスティーリャ語としたこと、そしてカタルーニャの商業、工業の重要性を十分認識していなかったこと、などがその特徴として挙げられるが、これは、特に反カタルーニャ的であるというよりはむしろ、カタルーニャ議会の力が弱まっていて、それまでの王ほど気をつかう必要がなくなっていたということであっ

イベリア半島最後のイスラム王国であるグラナダの陥落

て、カスティーリャ出身の王としてはごく当然のことであった。

イサベルとの仲が睦《むつ》まじければ睦まじいほど、ファランの政策もスペインの統一を志向しがちであったのもまた、やむを得ないことであった。

たとえば、スペインの他の地域なみの基準による宗教裁判所の設置である。

宗教裁判所の制度そのものは、十二世紀にカトリック教会によって作られ、カタルーニャでも十三世紀にはじまっている。しかし、宗教裁判所を、改宗ユダヤ人による異端実践の根絶という名目で、国家の宗教的・政治的統一の道具としたのはカトリック両王（イサベルとファラン）であった。それまでの宗教裁判所は正統的な信仰を守ることを目的とした、いわば象徴的な組織であった。それが、カトリック両王により、絶大な権力を持つ一種の思想警察、秘密警察となったのである。ファラン二世によってカタルーニャに宗教裁判所が新設されたのは一四八六年のことで、場所は内陸の重要都市リェイダであった。

一四九二年に、スペインからユダヤ人が追放されることになるのも、この流れにそった出来事である。この決定は、グラナダ王国陥落の後にイサベル女王によって下されたものである。当初、ファランはあまり乗り気ではなかった。しかし、極端ともいえるほどのキリスト教信奉者であるイサベルに、このテーマで逆らうのもまた気の重いことであった。やむを得ず賛成した結果、スペインは、経済的ノウハウを独占していた多くの専門家たちと、その専門家が銀行制度を利用して海外に逃避させていた資本を失うこととなった。カスティーリャと違って商業社会であるカタルーニャでは、ユダヤ人の担う重要性ははるかに高く、その損失にも計り知れないものがあった。また一つカタルーニャの衰退に拍車をかける理由が生まれたのである。

ファランの政策でもう一つ有名なのが「グアダルーペの裁定」（一四八六）である。これは、父王の時代に、内戦によってあいまいなままになっていたラメンサ農民問題の決着をつけた裁定である。つまり、「悪習慣」の廃棄と農奴身分からの解放を訴えるラメンサ農民と、それを阻止しようとする封建領主の間の争いを解決するために、王が農民に有利な裁定を下したのである。ファランの名君の証のように言われることがあるが、必ずしもそうではない。ファランがそれほどお人好《ひとよ》しで慈悲深い君主であるわけはないのである。

要は、父祖の代から伝わっている「敵の敵は味方」という考え方の継承である。つまり、封建領主の力を弱めることによって、王権が相対的に強まるという力学を実践したにすぎない。

ただ、これによって、領主は農民に対して何をしてもいいと言えるようなめちゃくちゃな「悪習慣」が基本的に廃止され、土地の所有もゆるやかな封建制に移行したので、カタルーニャ農業はその後安定的に発展することとなる。その意味では、すぐれた施策であったと言えるだろう。

しかし、なによりもファランの統治時代に起こった大事件、世界史規模で特筆すべき大事件はコロンブスの新大陸到達であった。そしてこの事件は、カタルーニャの命運にも決定的な影響を及ぼしたのである。

地中海から大西洋へ

一四八六年、イサベル女王の許に奇妙な人物が訪ねてきた。

みすぼらしい風体であったが、眼光はするどく、ただならぬ迫力があった。彼はクリストバル・コロン（コロンブス）と名乗った。

「で、そちは私に何を求めているのか」

コロンブス

女王は尋ねた。

「陛下は、この世界が実は丸いということをご存じでしょうか。

ポルトガルは、アフリカの南端経由、東回りでインディアス（アジア）に到達しようとしております。私の研究によれば、それとは反対に西へ西へと進めば、さらに早くインディアスに到達することができるのです。インディアス、そしてかのマルコ・ポーロの伝える黄金の国ジパング。ポルトガルに先んじて到達できれば、すべてが陛下の領土になるのです。莫大な黄金が手に入り、そして、キリスト教を知らぬ未開の蛮族を教化することによって、神の栄光を地上に実現できるのです。

私には知識と航海の技術があります。

陛下から資金をいただければ、私はきっとインディアスへの航路を発見してみせます」

これは、当時としては途方もない申し出であった。たしかに地球が丸いということは、ごく一部の人々にせよ、知られるようになってきていた。(その説の先駆者の一人はすでに本書で取り上げたラモン・リュイである。)しかし、一般には、まだまだ、世界は平らであると信じられていたのである。しかも、コロンブスの説は、「大洋は越えられない」という宗教裁判所の聖書解釈に逆らうものであり、異端として弾圧されかねないものでさえあった。

一介の船乗りにすぎないコロンブスが女王に謁見できたのは、フランシスコ修道会の修道院長の仲介があったからである。なぜ、この修道院長が仲介の労をとったかといえば、北アフリカのイスラム勢力、オリエントのトルコに囲まれて、もはやヨーロッパ近辺では布教可能な地域がなかったこと、ポルトガルが西アフリカへ向かって積極的に航海を進め、新たな布教地を発見する可能性があったこと、などの事情で、スペインの修道会としても早急に新たな布教地を探し出さねば、存在意義を問われかねない状況にあったからであった。

そして、この、神の福音を未開の種族に広めたいという渇望を人一倍強く感じていたのはイサベル女王自身であった。コロンブスの神の栄光云々《うんぬん》ということばには少なからず惹かれるものを感じた。

「して、そちはいかほどの資金を持ち、計画成功の暁には、どれほどの報酬を望んでおるのか」

「資金は……、ゼロでございます。この体と知識が私の資本です。成功の暁には、私を世襲の大洋提督、発見地の世襲の副王・総督にしていただきたい。さらに航海の利益の八分の一、貿易収入の十分の一を頂戴したいと存じます」

ファラン王はじめ、その場に居合わせた人々は、一瞬の沈黙の後に吹き出してしまった。大洋総督にせよ、副王にせよ、このどこの誰とも知れぬ船乗りを貴族にしろということである。しかも大貴族に。また、金銭的分け前の率も法外であった。

イサベルは一人、心を痛めていた。「そんなに欲張った要求をしなければ、なんとかなるかもしれないのに」というのが本音であった。

グラナダ王国への最後の攻撃を控え、国庫は非常に苦しい状態にあった。とうてい野放図な計画に出資する余裕はない。たとえあったとしても、こんな要求を飲んだら物笑いの種になるのがおちであった。

コロンブスの願いは却下された。しかし、女王の宗教的情熱には火がともされ、その後もくすぶっていた。そしてそれから七年後、さすがにあきらめかけていたコロンブスの許に朗報を携えた女王の使いが到着したのである。

コロンブスという人物は謎に包まれている。実在したことは間違いない。その子孫も現存し、やはりスペイン海軍に属している。

しかし、コロンブスがどのような顔をしていたか確かではない。いくつか残されている肖像はすべて想像で描かれたものである。

また、コロンブスの出身地も明らかではない。ジェノバ人であったという説が一番有力だが、ガリシア人説、ポルトガル人説、エストレマドゥーラ出身説、マリョルカ島出身説、コルシカ島出身説、果てはノルウェー人説まである。

異説の中でも一番有力なのはカタルーニャ人説である。この説についてはさまざまな「証明」が試みられている。

たとえば、当時、バルセロナにColomという一家があった。コロンブス（カタルーニャ語ではColom）もこの一家の一員だった。出身地を隠したのは、前述のようにファラン二世の父、ジュアン二世とカタルーニャ議会が対立していたことを考慮したためである、というもの。

あるいは、カタルーニャのサルベラ市の古文書館から出てきた資料によると、同市のタロジャに一四五六年ころ、Antoni ColomとMagdalenaという夫婦がいた。この二人がコロンブスの両親である可能性がある。しかも、タロジャの教会の紋にはコロンブスの家紋と同じ二本の塔を持つ紋が刻まれている。さらに、タロジャの語源はTurre Rubraであるが、コロンブスはTerra Rubraという姓も用いていた、などである。

バルセロナでカトリック両王に新大陸発見の報告をするコロンブス

この他にも、毎年のように、カタルーニャでは、実はコロンブスはカタルーニャ人だった、という本や論文が発表される。なぜ、カタルーニャ人はこれほどコロンブスの出身地がカタルーニャだと言いはるのだろうか。

一口で言うならば、その後のスペイン帝国の基礎となった中南米征服から仲間はずれにされた恨みが原因である。

コロンブスの新航路発見計画の後援は、形式的にはあくまでもカスティーリャ王国の単独事業であった。したがって、イサベルがその遺書の中で、新大陸の征服と経営にはカスティーリャ・レオン王国の出身者しか携わることができないと定めたのも、一応筋の通ったことなのである。

しかし、カタルーニャから見ると、形式的にはそうかもしれないが、実際にはカタルーニャは計画遂行のために多大な貢献をしているのに、それはないではないか、ということになる。たとえば、どこの誰とも知れぬコロンブスについてファラン王に好意的な報告をしたのはカタルーニャ人の秘書官ジュアン・クロマであった。航海資金のかなりの部分を援助したのは、バレンシア出身のバルセロナ市民リュイス・サンタンジェルなどのカタルーニャ人だった。第二回航海には軍隊の指揮官としてペラ・マルガリット、従軍神父としてバルナット・ボイル、その他、多くのカタルーニャ人船員が参加している。一四九四年、スペインとポルトガルが勝手に地球を二分し、それぞれの征服地を定めたトルデシーリャス条約の締結時に使われた地図はカタルーニャ人ジャウマ・ファレーが作成したものであった。コロンブスの「地球は丸いから西へ西へと行けば……」という信念に、ラモン・リュイが影響を与えていた、とまでは言わないが……。

実際、カタルーニャは、一七七八年に禁が解かれるまで（すなわち大部分のアメリカ植民地が独立してしまう五十年ほど前まで）、新大陸経営から締め出され、利益を享受することができなかった。

そこには、いくぶんはファラン二世の意志も働いていたかもしれない。幼児期の体験による根本的な反カタルーニャ感情、あるいはことあるごとに王権に楯突こうとするカタルーニャ議会を弱体化するための政策等、理由はいくつか考えられないことはない。しかし、もっとも説得力のある説明は、カタルーニャには、これだけスケールの大きいプロジェクトに国として参加するだけのエネルギーが残っていなかった、というものであろう。

イサベル女王、ファラン王の跡を継いだのは孫のカルロス一世（在位一五一六〜五六）であった。ここにいたって、名実ともにスペインは一つの国となったのである。そして、新大陸から流入する富によって、「日の没することのない」と形容された大帝国への道を歩みはじめる。

一方、カタルーニャはスペインの一地方として、長い長い衰退期へと滑り落ちていく。かつては年間の寄港船数が平均一一〇〇を超えていたバルセロナ港の、一五〇五年の寄港船数は、わずかに五隻であった。ペラ三世によって一三八七年に建設されたドラサナス（造船所）には、ファラン王の時代、わずか一人の従業員しかいなかった。門衛である。

時代は、大きく動いていた。地中海から大西洋へと。そして、かつての地中海の覇者カタルーニャは、その流れに取り残されたのである。

6 カスティーリャの隆盛、カタルーニャの衰退

ハプスブルク朝下のカタルーニャ

運命はときとして一人の人物にとんでもない幸運をもたらすものらしい。スペイン国王カルロス一世、このカスティーリャを中心とするスペイン王国の隆盛を象徴する人物こそその好例である。

カルロスはカトリック王フェルナンド（ファラン二世）の孫である。フェルナンドの死後、王冠はフェルナンドの娘のファアナに渡るはずであった（形式的にはカスティーリャ女王〈在位一五〇四～五五〉、アラゴン女王〈在位一五一六～五五〉）。しかし、この王女は異常な立ち居振る舞いが目立ち、統治能力に欠けており、その長男カルロスが実質的に王位に就くことになった。祖母が遺したカスティーリャ王国と祖父が遺したカタルーニャ・アラゴン連合王国が、このわずか十六歳の若者の下に名実ともに一つとなったのである。

しかも、このフランドル生まれの王は、神聖ローマ帝国皇帝マクシミリアン一世の孫であり、

カルロス１世（カール５世）

スペイン国王に即位して間もなくそのマクシミリアン一世が死去したため、神聖ローマ帝国皇帝にも選出され、カール五世（在位一五一九〜五六）となる。

スペイン国王カルロス一世＝神聖ローマ帝国皇帝カール五世の領土は広大であった。ナポリ、シチリア、サルデーニャなどを含むカタルーニャ・アラゴン連合王国、カスティーリャ王国、ドイツ諸州、フランドル、そしてコンキスタドール（征服者）たちが次々と奪い取って来るアメリカ大陸の各地……。もはや、カタルーニャなどは、その巨大な複合帝国の片隅のちっぽけな一地方でしかなかった。

カルロス一世、フェリペ二世（在位一五五六〜九八）と続くハプスブルク家の王たちの治世にカタルーニャが不満を抱いていたかというと、必ずしもそうではなかった。「グアダルーペの裁定」以降、安定していた農業のおかげで経済はわずかずつながら上向きはじめていた。カタルーニャが持つ地方特権をめぐって中央政府との間に軋轢《あつれき》が生じたり、街道筋で盗賊が跋扈《ばっこ》し治安を脅かしたりしたが、真に深刻な問題になるほどではなかった。

たしかに、このころから、カタルーニャ語が急速に社会の表面から姿を消していったのは事実である。マドリードから派遣された官吏・軍人の下、行政はカスティーリャ語（いわゆるスペイン語）化する。高位聖職者にもカスティーリャ出身者が増える。マドリードの宮廷にあこがれ、カスティーリャ貴族と婚姻関係を結ぶカタルーニャ貴族が増えてくる。有力商人も、アメリカ貿易のおこぼれにあずかるために、進んでスペインの一地方人たろうとする。

「言語＝アイデンティティの象徴」という考え方はずっと後世の発明である。このころの圧倒的大部分の人々にとっては、生活の安定・向上こそが最重要課題であり、行政の言語や書きことばがカタルーニャ語からカスティーリャ語に変わることなどほとんど関心外のことだった。第一、庶民のほとんどは字を知らなかったのだから。

カタルーニャのカスティーリャ語化は政治・経済的な要因だけによるものではない。十六、十七世紀が、「黄金世紀」と称されるカスティーリャ文化の最盛期であることに注目しなければならない。文学でいえば、セルバンテス、ロペ・デ・ベガ、カルデロン・デ・ラ・バルカなど、世界文学史上に燦然《さんぜん》と輝くビッグ・ネームが次々と現れる。美術では、エル・グレコ、スルバラン、ベラスケス、ムリーリョら、少しでも美術に興味がある人なら誰でも知っている巨匠たちが輩出する。一方、カタルーニャ文化には、この二世紀の間、特筆すべき芸術家は一人として出ていないのである。カスティーリャ語の社会的地位が上がり、カタルーニャ語のそれが下がるのはやむを得ないことであろう。

フェリペ2世

ただし、カタルーニャ語が滅びてしまった、と考えてはならない。カタルーニャ語は相変わらず一般庶民の、そして農民たちの唯一の生活言語でありつづけた。そして、この事実が、数百年後のカタルーニャ語の復活を可能にしたことを忘れることはできない。文化の担い手は、社会の上層階級であるとは限らないのである。

収穫人戦争

ハプスブルク朝スペイン下のカタルーニャで起きたもっとも重大な反乱は「収穫人戦争」(一六四〇)である。この反乱は、一人の野心家の宰相と、その子分の無能な在カタルーニャ副王のために引き起こされた。

カルロス一世を継いだフェリペ二世の治世(一五五六〜九八)に、スペインはポルトガルをも、その広大な領土もろとも併合し、「太陽の没することのない帝国」を実現した。しかし、その得意の絶頂の中で、すでにスペインの凋落ははじまっていたのである。

スペインは、フランスに加え、イギリス、オランダという新興勢力がしのぎを削る当時のヨーロッパの中で、ただ図体《ずうたい》ばかりがでかい旧式の二流国に成り下がろうとしていた。一五八八年、スペインが誇る「無敵艦隊」が、規模においてはるかに劣る英国艦隊に大敗を喫したことはこれを象徴する出来事だった。

スペイン、ハプスブルク家の王たちは、新大陸から湯水のように流れ込む金銀を王国の近代化に使うこともできたのだが、彼らは豪奢《ごうしゃ》な生活、極端な宗教心の表明、そしてなによりも大国の体面を保つための戦費にそれを当ててしまったのである。

フェリペ四世（在位一六二一～六五）の寵臣《ちょうしん》であった野心家のオリバーレス伯公爵は、財政を引き締め、産業を振興して、すでに破綻した国庫を立て直すどころか、常軌を逸した積極的対外政策に打って出たのである。三十年戦争への参戦がそれである。この戦争は、発端こそドイツの宗教紛争であったが、後半にはカトリック国であるはずのフランスがプロテスタント側につくなど、ブルボン対ハプスブルクの覇権争いの様相を呈するようになっていた。

このとばっちりを受けたのがカタルーニャである。

オリバーレス伯公爵は、戦費不足を補う目的で、カタルーニャなどの地方に、カスティーリャなみの徴兵と徴税を行うこととした。これはカタルーニャの旧来の特権に反するものであり、大きな反発を呼んだ。

オリバーレス伯公爵　ベラスケス画

その背景には、カタルーニャ副王であったサンタ・クロマ伯爵の暴政があるといわれている。彼は、まず、カタルーニャ人でありながら中央の手先になっているということで、はなはだ評判が悪かった。しかも、毎日飲んだくれているばかりでカタルーニャの窮状の前にまったく無策だった上、中央政府におもねることとしか頭になかった。徴兵についてもその算出の基礎とな

収穫人戦争　鎌を手に立ち上がる民衆

るカタルーニャの人口を一・五倍に水増しして中央に報告していたというのだからカタルーニャとしてはたまったものではない。

反乱の直接のきっかけは、カタルーニャの農村部に駐屯していたカスティーリャ軍の無法な振る舞いだった。当時、軍が遠征する場合には、民家に分宿するのが普通だった。これだけでも農民にとっては迷惑な話だが、おまけに、カスティーリャ軍は何を勘違いしたか、その農村で、まるで占領地の住民に対するかのように乱暴狼藉を働いたのである。

サンタ・クロマは教会を焼き、
上祭服も聖体皿も、尊き祭壇さえも燃やしてしまった。
ミサを挙げている最中に司祭を殺した。
……
黒パンが黒すぎると言っては
それを馬に与え、地面に捨てる。
ワインがまずいと言っては樽《たる》の口を開け、
通りに撒《ま》き散らして地面を潤す。

親の目の前で娘を犯す。
……

これは十七世紀のものといわれている民謡の歌詞である。ついに堪忍袋の緒が切れた農民たちは、収穫用の鎌を手にバルセロナに押し寄せていった。その後十二年間続く「収穫人戦争」のはじまりである。

騒動は、中央に不満を抱く都市の住民を巻き込み、一大反乱へと発展した（もちろん真っ先に標的にされたのは副王サンタ・クロマである。彼はバルセロナ港近くで殴り殺されてしまった）。これを見て一番喜んだのはフランスである。カタルーニャの要請に応じて介入し、巧みに立ち回る。一時は、フランス王ルイ十三世がバルセロナ伯・王に選ばれたほどであった。

結局、戦争はフランス、カタルーニャに有利な形で収拾された。しかし、フランスは抜け目なく、ピレネー以北のカタルーニャ地方（ルサリョーとサルダーニャの一部）をぶんどってしまったのである。

カタルーニャにとって、これは痛恨の出来事であった。カタルーニャ文化の発祥の地ともいわれるピレネー山脈は、これを境にフランスとの国境線と化してしまったのである。

歴史に「もし」は禁物であるが、もし、このとき、カタルーニャにポルトガルのような海外植民地という資金源があったら、もし、カタルーニャにポルトガルのブラガンサ家のような独自の王家があったなら、そして、もし、このとき、かつての連合国アラゴン、バレンシアと共闘を組むことができていたら、カタルーニャは「国家」となっていたかもしれない。しかし、それはしょせん空《むな》しい「もし」であった。

勝利者、カタルーニャ、
再び豊かに栄えん！
かくも誇り高く、威厳のある民のもとに。
鎌を振れ、大地を守る鎌を。

これは現在のカタルーニャ国歌「収穫人たち」の出だしである。元歌は前出の十七世紀の民謡だが、内容があまりに刺激的なので、十九世紀末に書き換えられたものである。「勝利者」、「栄え」、「誇り」という勇ましい歌詞に、かえってカタルーニャ人の無念さが滲《にじ》み出ている。

スペイン継承戦争とカタルーニャ

バルセロナの中心カタルーニャ広場から少し東に下った通りに、旗を抱くようにしている男の銅像がある。バルセロナ市議会議長ラファエル・ダ・カザノバである。このアール・ヌーボー風の銅像の表情は一見、恍惚《こうこつ》としているようにも見える。しかし、そうではない。これはスペイン継承戦争（一七〇一〜一四）の末期、バルセロナがまさに陥落しようとしているときに、市の守護聖人聖アウラリアの旗を掲げ、市民を鼓舞しているカザノバの悲痛な表情なのである。

毎年、九月十一日になると、この銅像の前には、カタルーニャ州政府の要人から一般の人々まで、大勢の人が集まって献花や記念行事が行われる。この九月十一日は「カタルーニャ国民の日」と定められているのだが、その背景には次のような歴史がある。

十七世紀末、スペインの没落ぶりはもはや誰の目にも明らかであった。ハプスブルク家最後の王となったカルロス二世（在位一六六五〜一七〇〇）は、病弱な上に愚鈍とそれを象徴するような人物であった。おまけに性的に不能で、嫡子をもうけることができなかった。王の異母姉はフランスの太陽王ルイ十四世に嫁ぎ、妹は神聖ローマ皇帝レオポルド一世に嫁いでいたため、ブルボン家とオーストリア・ハプスブルク家はともにスペイン帝国を狙って、病弱な王の死を今か今かと待ちかねていた。

ラファエル・ダ・カザノバの像

いざカルロス二世が死んでみると、その遺言はルイ十四世の孫フィリップを跡継ぎに指名していた。ただでさえ強大なフランスが、スペイン帝国を併合する。これはヨーロッパ諸国にとってまさに悪夢であった。

「カタルーニャ国民の日」９月11日

1714年９月11日、バルセロナの包囲戦

そこで結成されたのがオーストリア、イギリス、オランダなどの大連合であった。こちらは神聖ローマ帝国皇帝レオポルト一世の子カール大公を、カルロス二世の跡継ぎとすることを主張し、スペイン王位継承をめぐる戦争が勃発したのである。

カタルーニャはこの戦争で、カール大公支持にまわった。「収穫人戦争」のときのことを見てもわかるように、ハプスブルク家にはけっこうひどい目にあわされているのになぜか。いろいろな理由が考えられるが主なものは次のようなものである。まず、「収穫人戦争」の折に、味方をすると見せかけて北カタルーニャを奪取してしまったブルボン・フランスへの憎しみと不信感。フランスの強力な王権と厳しい中央集権制。それと対照的な、弱体化したスペイン・ハプスブルクの地方特権に対する容認姿勢。保守的・伝統主義的なカタルーニャの体質からくるハプスブルク家への忠誠心、また、生前脆弱《ぜいじゃく》だったカルロス二世が呼び起こした同情心の名残りもなかったとはいえない。第一、戦争の初期には、カール大公側のほうが圧倒的に有利に見えたのである。

ところが、戦争は思わぬ展開を見せた。というのも、カール大公の兄である神聖ローマ帝国皇帝が急死、カール大公がその跡継ぎとなることになったのである。そうなると、話は変わってくる。神聖ローマ帝国皇帝がスペイン国王を兼ねるとなると、それはそれで、困ったことになる。各国は、フランスの力が強大になりすぎないような措置をした上で、戦争から手を引いてしまった。イギリスの口車に乗って、カール大公政府の首都の役割を引き受けていたバルセロナは、梯子《はしご》を外された形となり、カール大公自身が去ってしまった後も、フェリペ五世（ブルボン家のフィリップ）のスペイン軍に対し、単独で絶望的な戦いを余儀なくされた。

そして、一七一四年九月十一日、カザノバらの活躍にもかかわらず、バルセロナは陥落するのである。

ブルボン王朝下のカタルーニャ

スペイン継承戦争での敗北は、カタルーニャの政治的野心の終焉《しゅうえん》を意味した。「収穫人戦争」のときと違って、ブルボン・スペインの中央政府のカタルーニャ制裁には厳しいものがあった。州政府、市会など地方組織が廃止され、カタルーニャ独自の法律や特権も廃止される。文化的な面では、公用語としてのカスティーリャ語の使用が義務付けられ、バルセロナ大学も、ブルボン側についていた内陸の地方都市へ移転させられた。

要するに、スペインを一つの国とするための政策が強力に推進され、カタルーニャは、名実ともに一地方の地位に甘んじざるを得なかったのである。

しかし、皮肉なことに、このブルボン朝の改革は、カタルーニャの経済的な再生に大いに役立つことになった。

その理由は、まず第一に、官途に就いて出世することや、政治家として活躍する道が閉ざされてしまったために、カタルーニャ人は産業に専心せざるを得なかったこと。そしてなによりも、遅ればせながらカタルーニャ人にアメリカ貿易に直接参画することが許されたことだった。カタルーニャもスペインの一地方になった以上、「アメリカ貿易はカスティーリャ・レオン王国の独占」というイサベル女王の遺志はもはや意味を持たなくなったのである。

また、貴族、地主階級がリードするカスティーリャやアンダルシアなどの社会に対して、商工業者がリードするというカタルーニャ社会の特徴がこの時代に作られたことも見逃してはならない。

ラナシェンサからムダルニズマ（近代主義）へ——カタルーニャの再生

次の一節は、ボナバントゥーラ・カルラス・アリバウが一八三三年に発表した詩「祖国への賛歌」からとったものである。

さらば山々、これで永久にお別れだ。
わが祖国で稜線《りょうせん》を波うたせる君たちを
私は遠くから、見つめていた。
その穏やかな姿と、青色によって、
雲や空との境を見極めようとしていた。
年老いたムンセニィ山よ、さらば。
霧と雪に包まれた歩哨《ほしょう》のように、
切れ間からユダヤ人の墓を見張る君。
そして広大な海の真ん中に、マリョルカの船が浮かんでいる。
……

ラナシェンサの象徴的行事「花の宴」（詩の競技会）のポスター

はっきりいって、詩としては大したものではない。それなのに、作者アリバウは、現在のバルセロナ市の大通りの一つに自分の名前が冠せられるという栄誉に浴している。なぜか――カタルーニャ語で書かれてい

繊維工場で働く少女

るからである。

長い社会的衰退期を経る間に、カタルーニャ語はすっかり文学語としては忘れ去られてしまっていた。文学の華である詩などを書くにはもっとも適さないことばとみなされていた。

それをこのアリバウという人物は、カタルーニャ語で詩を書いてみせたのである。しかし、彼が熱狂的な愛国者だったと買いかぶってはならない。なぜなら、彼自身、この詩を、宴会の「余興」として吟じてみせたにすぎないからだ。

この詩の反響は、作者自身がびっくりするほど大きかった。十八世紀中ごろ以降、経済が回復し自信を取り戻していたカタルーニャは、独自の芸術表現手段を必要としていたのである。借り物のカスティーリャ語に代わる手段を。アリバウの詩を読んだカタルーニャ人たちは、目からうろこが落ちる思いだったに違いない。

十九世紀のカタルーニャの上昇は、カスティーリャを中心とするスペインの下降と好対照をなしている。その象徴的な出来事が一八九八年の米西戦争である。スペインはこの戦争に敗れ、北アフリカのわずかな例外を除き、海外植民地をすべて失ってしまった。「陽の沈むことのない」ほど膨れあがった帝国が元《もと》の木阿弥《もくあみ》になってしまったのである。

キューバの産業や貿易を担っていた一大勢力がカタルーニャ人だった。その喪失は痛手ではあったが、プラスの面もあった。キューバから引き揚げられた資本がカタルーニャ内部の産業に投資されて、すでに復興を遂げていたカタルーニャ産業のさらなる活性化に役立ったからである。

勢いのあるカタルーニャは、スペイン再生のために中央政府に介入しようとした。しかし結局は、誇りだけは依然として高いスペインに拒まれてしまう。そこで、カタルーニャはスペインを見限った。自分たちは自分たちで、豊かな祖国を作ればいい。久方ぶりの祖国回帰である。バルセロナとその周辺は、繊維工業を中心に工業が栄えた。スペインで唯一の、産業革命が実現したのである。

カタルーニャは再び栄えはじめた。スペイン中央部の衰退を尻目に。

一方、経済的な豊かさは、芸術にも糧を与えた。「ムダルニズマ」(近代主義)の誕生である。

アリバウの詩とともにはじまった十九世紀前半の復古的な芸術運動を「ラナシェンサ」(カタルーニャ・ルネサンス)という。それは、まさにこの本で扱った栄光の中世を懐かしみ、吟遊詩人風の懐古的な詩を愛《め》でる流行であった。

それから約五十年を経た世紀末の「ムダルニズマ」

ムダルニズマの代表的画家カザスのポスター

「4匹の猫」にて　右から2人目がピカソ

はそれとは根本的に性格を異にしている。ムダルニズマはフランスのアール・ヌーボーなどのヨーロッパの芸術潮流に呼応した、新しい芸術運動なのである。新生カタルーニャのシンボルなのだった。

ドゥメナク・イ・ムンタネー、プッチ・イ・カダファルクらの装飾性豊かな建築物がバルセロナ市を飾り、旧市街のカフェ「四匹の猫」には、サンティアゴ・ルシニョル、ラモン・カザスらを中心としたボヘミアン画家や文士が集い芸術論を戦わしていた。その片隅には、先輩たちの様子を大きな目でじっと見つめる若きパブロ・ピカソの姿も見られた。

ガウディとバルサ

しかし、なんと言っても、この時期のカタルーニャを代表する天才芸術家として名前を挙げておかねばならないのはアントニ・ガウディであろう。ガウディはたしかにムダルニズマと同じ時期に活躍はしている。また、彼の作品には曲線の多用、植物をモチーフとした装飾というムダルニズマ芸術の特徴がいくつか見られる。しかし、彼をムダルニズマの芸術家として位置づけることはためらわれる。なぜならば、ガウディには、一芸術運動などという狭い枠には収まりきれないスケールの大きさがあるからである。

カタルーニャの田舎町レウスの銅職人の子として生まれたガウディは、バルセロナに出て建築学を修める。彼の非凡な才能を見いだしたのは、バルセロナの新興ブルジョアの大物グエイであった。そしてガウディもこのチャンスをしっかりとものにした。グエイ邸、グエイ別邸、カザ・ミラー、カザ・バッリョなどの名作を手がけ、そしてついにはグエイが理想とした田園都市グエイ公園まで創り上げた。（ただし、この公園都市は時代を先取りしすぎていたせいか、まったく分譲が進まなかったが。）

建築は絵画など他の芸術と比べて、けた違いに大きな資金を必要とする。富の裏付けなしには成立しえない芸術なのである。ガウディはグエイというパトロンに巡りあい、そしてグエイという新興ブルジョアはカタルーニャ再生の時代が用意したものであった。その意味では、ガウディも紛《まぎ》れもなく時代の申し子であるということができる。ガウディが熱狂的なカタルーニャ主義者で、カタルーニャ人としてのアイデンティティにこだわりつづけたこともその現れである。

たとえばこんなことがあった。あるとき

「不調和の一角」と呼ばれるあたり　右がガウディのカザ・バッリョ、左がプッチ・イ・カダファルクのカザ・アマッリェー

「バルサ」発祥の地を示すプレート

ガウディは些《さ》細《さい》なことで警官に逮捕され、連行された。ところがガウディは取り調べで、頑としてカスティーリャ語をしゃべらず終始カタルーニャ語で通した。その理由としてガウディが言い放ったことばがふるっている。「建築技師としての義務は税金を納めることだ。カスティーリャ語を話すことではない」。それが警官の怒りを買い、一晩留置所で過ごすことになった。また、国王アルフォンソ十三世がサグラダ・ファミリア教会を訪れたときにもカタルーニャ語しか話さず、国王と周囲の人々を困惑させたこともあった。

　ガウディが死の直前まで、全身全霊をかけて取り組んだのが、サグラダ・ファミリア教会の建設である。ガウディは、若いころは軽薄なところもあったらしいが、年齢を重ねるにつれ信心深くなっていき、サグラダ・ファミリア教会設計のころには聖人のような生活を送っていた。この、二〇一九年現在、なお建設が続けられている奇抜な形の教会は、時間と空間を超越したガウディの建築芸術の魅力の象徴となっている。

　ガウディと並んで世界的人気を博しているバルセロナ発の存在が「フットボール・クルブ・

バルセロナ」通称「バルサ」である。このサッカー界のモンスターが誕生したのもやはりこのころだった。

創設者はハンス・ガンパーというスイス人。後に彼はカタルーニャに帰化してジュアン・ガンペルを名乗る。出張でたまたまバルセロナに立ち寄ったガンペルはすっかりこの街が気に入ってしまい、当時運行がはじまったばかりの路面電車会社に会計係として就職し腰を落ち着けてしまう。そればかりか、後年、政治的にカタルーニャ主義に肩入れするほどカタルーニャを愛したのだった。

しかしバルセロナにも欠点があった。サッカー・チームがないことである。サッカーはスペインではまだほとんど未知のスポーツで、故郷では選手としてプレーもしていたガンペルは寂しくてたまらない。そこである日、新聞広告を出した。なかなか人は集まらなかったが、やっとのことで留学帰りのカタルーニャ人や外国人で頭数をそろえることができた。これがバルサの起源である。その本部の跡は現在、旧市街のビルの壁の「ここで『フットボール・クルブ・バルセロナ』がジュアン・ガンペルによって創設された。一八九九年十一月二十九日」というささやかなプレートで示されている。

ガンペルのようにサッカーを愛する外国人がバルセロナに多く集まっていたのは、当然そこにビジネス・チャンスありと見ていたからにほかならない。

ガウディ、そしてバルサ——現代カタルーニャの二つの巨大観光資源が誕生したのは、この

1888年のバルセロナ万博の会場

1888年万博でカフェとして建てられた建物

ころの経済的繁栄のおかげといえよう。

バルセロナ万国博覧会

少し時間を元に戻す。カタルーニャの新興産業界の力を内外に示し、ムダルニズマの事実上の出発点となったのが一八八八年のバルセロナ万国博覧会である。凋落著しい旧態依然としたスペインの中にあって、バルセロナだけが欧米先進国の大都市と肩を並べることができるということを内外に知らしめるには万博ほど有効な手段はない。しかも会場は、スペイン継承戦争後に、ブルボン王朝がバルセロナを監視する目的で建設したシウタデリャ要塞を取り壊した跡地である。中央に対するカタルーニャの鬱憤を晴らすという意味では完璧である。もちろん、万博の特需が失速気味のカタルーニャ経済の刺激となることも期待されていた。

結局、バルセロナ万博には、国内、および世界の二十五以上の国から一万二千の出展があった。日本も横浜の絹、薩摩《さつま》の磁器、博多《はかた》人形、日本酒、醬油《しょうゆ》などを出品している。また、実物の日本家屋が会場内に建てられ人気を博した。翌年、フランス革命百周年を記念する大博覧会がパリで予定されていたため、各国は展示品を出し惜しんでいたが、それでも最終的に入場者は二百万人を上回った。パリ万博の入場者、約三千二百三十五万人と比べれば大したことはないが、ヨーロッパの「田舎」に成り下がっていたスペインの一都市としては大健闘であった。

「爆弾都市」バルセロナ

もちろん、経済的発展の代償を払わねばならぬこともあった。

産業の発展はバルセロナをはじめとする都市に工場労働者という新しい存在を生み出した。たとえばカタルーニャの綿工業の労働者は一七六〇年には約一万人にすぎなかったが、十九世紀末にはその十倍に達している。英国など工業先進国と競争せねばならない後発のカタルーニャの資本家たちが労働者に課した労働条件は劣悪であった。一日の労働時間は十二時間からときには十四時間におよんだ。しかも工場内は騒音がひどく、空気も煙で汚染されていた。給料の水準は極めて低い上、好景気で物価が上昇してもほとんど変わることはなかった。住宅環境、食事情は当然のごとく悪い。一家が生活していくためには女性や子どもも働きに出る必要があった。しかし、その給料は男性よりもさらに低かった。病気、怪我《けが》、失業に対するセーフティネットは皆無で、いったんそのような状況に陥ると一挙に社会の底辺に転落するしかなかった。

リセウ大劇場の爆弾テロ

かたや産業資本家たちは、労働者たちの犠牲によって蓄えた富で競って豪華な館を建て、うまいものを食い、着飾ってオペラ・ハウスに繰り出すといった生活を送っていた。労働者の不満がたまるのも当然であった。そして労働者たちは海外からもたらされた社会主義、無政府主義などの思想に触発されて自らの権利に目覚め、団結して資本家たちと対決する道を模索しはじめる。一八七九年には「スペイン社会労働党」（PSOE）が、一八八八年、まさにバルセロナ万博の年には労働総同盟（UGT）がバルセロナで結成されている。また、一九一一年には無政府主義の「労働全国連合」（CNT）が同じくバルセロナで結成された。このうちアナキストは、階層化された政党や議会制民主主義を拒み、直接民主主義、直接行動――テロリズムによる社会革命を主張していた。

頻発したテロ事件の中でも最大のものは一八九三年のリセウ大劇場の爆弾テロである。リセウ大劇場は今もバルセロナの目ぬき通りランブラスの中ほどにある、ヨーロッパ有数のオペラ・ハウスである。一八四七年に主にバルセロナのブルジョア階級の音楽愛好家たちによって設立されたこの劇場は、富裕層の富と社会的地位の象徴となった。それは同時に、労働者階級の人々の憎悪の的であったということでもある。ただし、労働者階級にもオペラ愛好家はいた。彼らは、着飾った紳士淑女たちとは別に、裏口から入り、延々と階段で最上階の「鶏小屋《とりごや》」と呼ばれる席まで上らねばならなかった。観客が首を突き出すようにして舞台を見下ろすことからつけられた俗称だった。

一八九三年十一月七日、その夜の演目はロッシーニの「ウィリアム・テル」。第二幕がはじまって間もなく、熱心に舞台の歌手を見つめる桟敷席の観客の視界を黒いものが横切った。それは「鶏小屋」から投下された爆弾だった。爆弾は多くの死傷者を生んだ。犯人は、隣県アラゴンの貧しい農家の息子で一攫千金《いっかくせんきん》を夢見てバルセロナに出てきたものの、夢破れたアナキスト、サンティアゴ・サルバドールであった。サルバドールは翌年、故郷でとらえられ、公開で死刑に処せられた。

このような物騒な状況は海外でも評判となり、バルセロナは「爆弾都市」というありがたくないあだ名で呼ばれるようにさえなった。

悲劇の一週間

そんな中、一九〇九年、バルセロナで「悲劇の一週間」と呼ばれる大規模な騒乱が起きた。きっかけとなったのは北アフリカ、モロッコでの紛争だった。

「悲劇の１週間」のときのバルセロナ

米西戦争でキューバなどを失ったスペインにとって最後に残されたモロッコの植民地は経済的にも、国の体面という意味でも重要であった。しかしモロッコでも、まるで弱体化したスペインの足元を見透かすかのように独立運動が活発化していた。そして、一九〇九年七月、リーフ地方のスペイン資本の鉱山が襲撃された。

スペイン政府は鎮圧を試みるが、兵力不足もあってなかなかうまくいかない。そこでやむなく予備役を動員することにした。予備役とは一度兵役について除隊となった男性で、当然、家族持ちの年配者が多い。ただでさえ生活が苦しいのに、働き手を失ってはどうしようもなくなってしまう。しかも、目的は資本家たちが投資している鉄道や鉱山を守ることなのだからたまらない。それだけではない。六千ラルス、およそ百万円を払えば徴兵を免れるという制度があったため、徴用されるのは貧しい労働者階級の男たちばかりだった。バルセロナの労働者たちの不満は一挙に沸点に達した。

一九〇九年七月二十六日、動員反対のデモが組織された。当初は大きな混乱もなかったが、翌日になってデモ隊が過激化し、修道院や教会などを襲って墓をあばいたり火を放ったりした。宗教施設や聖職者が標的になったのは、本来信徒の支えとなるべき存在であるにもかかわらず、多くが資本家たちの側に立ってその価値観を押し付けたり、資本家たちの援助で安楽な生活を送っていたからであった。政府は非常事態を宣言、軍隊を投入してデモ隊に対して発砲さえした。労働者側も敷石でバリケードを築き抵抗した。事態が鎮静化するには一週間を要し、多くの犠牲者と逮捕者が出た。

カタルーニャ語の市民権回復

すでに述べたように、「ラナシェンサ」によってカタルーニャ語に対する意識に変化が見られはじめていた。しかしそれは、ブルジョアジーや知識人の中での話であって、カタルーニャの庶民は、昔から変わらずカタルーニャ語で生活をしていたのである。事実、一九〇〇年ごろのバルセロナでは住民の八、九割がカタルーニャ語話者であった。労働者層は基本的にカタルーニャ語話者で、労働運動もカタルーニャ語で行われていた。

上流階級や知識階級の人々もカタルーニャ語を話し、読み書きにもカタルーニャ語を使うようになると、大きな不都合があることが明らかになってきた。百年以上もカタルーニャ語教育が学校で行われていなかったために、カタルーニャ語の単語をどのように綴《つづ》るかということが明確ではなかったし、文法も確立していない。カタルーニャ語の辞書さえないのである。

カタルーニャ語が完全な市民権を回復する上で大変重要な役割を果たしたのが現代カタルーニャ語の父と呼ばれるプンペウ・ファブラである。彼はなんと綴り方（正書法）、文法書、辞書、いわば近代言語の三種の神器を一人で作り上げたのである。

カタルーニャ語は隣接するカスティーリャ語と言語学的に近い関係にある。そのため油断していると大言語スペイン語に同化されてしまいかねない。カタルーニャのアイデンティティを主張するためにも、カタルーニャ語の姿を確立することは極めて重要である。

現代カタルーニャ語の父プンペウ・ファブラ

ファブラはこのころからスペイン内戦までの期間に着々とカタルーニャ語の環境を整えていくのだが、それもカタルーニャ・ブルジョアジーの経済的支援があってこそであるのはいうまでもない。たしかにブルジョアジーにとってカタルーニャ語はアイデンティティの源であったのだが、同時にそれは、次に述べる政治的カタルーニャ主義の基礎を成すものでもあったのである。

カタルーニャ主義とカタルーニャ連合体（La Mancomunitat ce Catalunya）

スペイン政府は、独立を求めるキューバに自治権を与えることを頑《かたく》なに拒みつづけ、挙げ句の果てにアメリカ合衆国に仕掛けられた米西戦争で大敗を喫してしまった。明らかな失政であった。カタルーニャでは、そのように頼りない政府を支持していた伝統的ブルジョア政党の権威がガタ落ちとなり、代わってカタルーニャの独自性を推し進めるカタルーニャ主義政党が力を得た。というのも彼らだけがキューバに自治を与えることを主張し、米西戦争の敗北を予見していたからである。

スペイン政府を支持していた伝統的ブルジョアジーの中からもカタルーニャ主義に鞍替えする者が増えて来て、ついに一九〇一年、さまざまな階層のカタルーニャ主義を結集した「地方連盟」(Lliga Regionalista)が結成された。「地方連盟」は、カタルーニャ主義に厳しい態度で臨んでいた中央政府に対抗して、カタルーニャ主義を共通項として持つ王党派や共和派と団結して「カタルーニャの連帯」(Solidaritat Catalana)という選挙協力体を結成し、一九〇七年の選挙で圧倒的な勝利を収めた。ただし、彼らはカタルーニャのスペインからの独立を求めていたわけではなく、あくまでもより広範な自治の獲得を目指していた。

こうして力を蓄えたカタルーニャ主義者たちは、一九一四年、「カタルーニャ連合体」(La Mancomunitat de Catalunya)を中央政府に認めさせることに成功した。これはカタルーニャを構成するバルセロナ県、ジロナ県、リェイダ県、タラゴナ県を一つに結びつけるものであった。実際の権限としては地方自治体の域を出ないが、その歴史的意義は大きかった。つまり、十八世紀初頭のスペイン継承戦争で廃止されてしまった、民族としての「カタルーニャ」というまとまりが一応、復活することになったからである。

その代表の座にアンリック・プラット・ダ・ラ・リーバという優秀な政治家が就いたことは

プラット・ダ・ラ・リーバ

カタルーニャにとって大きな幸運だった。プラット・ダ・ラ・リーバはインフラ整備やカタルーニャ文化の推進に貢献した。「カタルーニャ学術院」(Institut d'Estudis Catalans)の創設もその一つである。学術院は広範囲のカタルーニャの学術的研究を推進し、結果的にカタルーニャの権威を高めた。前出のカタルーニャ語の父プンペウ・ファブラの仕事もそのサポートがなければ実現していなかったであろう。また、プラット・ダ・ラ・リーバはカタルーニャ主義のイデオローグとしても重要で、その著書『カタルーニャ民族』(*La nacionalitat catalana*)はカタルーニャ主義を理論づけた名著である。

プリモ・デ・リベラの独裁とカタルーニャ

一方で、「爆弾都市」バルセロナの不安定な状況は続いていた。一九一四年、第一次世界大戦が勃発すると、中立国であったスペインの経済は特需によって大いに潤った。バスク、アストゥリアス地方の重工業と共に、カタルーニャの軽工業も活況を呈した。しかし、物価の高騰と、それに一向に追いつかぬ低賃金は労働者たちの不満をさらに増大させた。一九一七年のロシア革命（十月革命）の成功は労働者の過激化をいっそう加速し、資本家を標的とするテロ行為が頻発していた。当局がそれを押さえきれないでいることに業を煮やした資本家たちは、「自由労働組合」という名の暴力集団を使って労働運動家たちを「排除」するようになった。

たしかに中央政府に対抗して、階級横断的な「カタルーニャの連帯」が結成され、政治的カタルーニャ主義は大いに勢力を拡大していた。しかし、そのリーダーたちは主にブルジョアジーであった。彼らにとって社会の混乱は商売上、まったく好ましいことではなかった。テロを徹底的に弾圧できる強力な政権を望む声が彼らの間で徐々に高まっていったのも当然であった。

暴徒を蹴散らす治安警察

モロッコの状況がさらに悪化し、国王アルフォンソ十三世や政府に対する批判が高まる中、一九二三年、カタルーニャ方面軍司令官プリモ・デ・リベラがクーデターを宣言すると社会の安定を望むカタルーニャ・ブルジョアジーらは、テロに無策な政党政治よりも、少々乱暴でも強硬手段に訴えることのできる人物に全権を委ねる道を選んだ。アルフォンソ十三世もプリモ・デ・リベラに政権を託すことを承認した。プリモ・デ・リベラ将軍の軍事独裁政権の成立である。もちろん、カタルーニャ・ブルジョアジーはカタルーニャなどの地方自治を尊重するという約束をとりつけていた。

軍事政権下、たしかに社会情勢は安定した。しかし、強権を手に

プリモ・デ・リベラ

した独裁者が自分たちの望み通りに動いてくれるという資本家たちの見通しはいかにも甘すぎた。地方自治を尊重するという約束はあっさりと反故《ほご》にされた。一九二四年、苦労の末手に入れた「カタルーニャ連合体」が廃止され、カタルーニャの国旗、カタルーニャ語の公的な使用や、カタルーニャの民俗芸能まで禁止されることになってしまった。言論も厳しく制限され、アナキストの「労働全国連合」が非合法化された。これに労働者たちは反発、さらなるテロの頻発を招くこととなった。強硬手段一辺倒のプリモ・デ・リベラのやり方も賢かったとは言いがたい。ブルジョアジーが離反し、一九二九年、折からの世界恐慌のあおりを受けて経済が不況に陥ると、彼の独裁政権の基盤は大きく揺らいだ。一九二九年、バルセロナのムンジュイックの丘を主会場に「バルセロナ国際博覧会」が開催され、景気のテコ入れが図られた。インフラが整備され、一定の経済的効果はあったものの、ときすでに遅しであった。一九三〇年、民衆の支持も、資本家の支持も失ったプリモ・デ・リベラは辞任し独裁制は終焉を迎えた。

　プリモ・デ・リベラ独裁時代は、バルセロナ社会の様相が大きく変わった時代でもあった。一九二四年に最初の路線が開通する地下鉄、そして一九二九年にバルセロナで開催された国際博覧会。この二つの事業によってバルセロナにはスペイン南部や内陸の貧しい地域からの移民がどっと流入したのである。それもあって、一九二〇年に約七十万だった人口は一九三〇年には百万人に膨れあがった。彼らの多くはカタルーニャ語話者ではなかったため、カタルーニャ語社会という性格が弱まった。これは産業の中心地としての宿命であり、その傾向は現在まで続いているのである。

フランセスク・マシアーとカタルーニャ左派共和党（Esquerra Republicana de Catalunya）

フランセスク・マシアー

バルセロナを斜めに横切る大動脈「ディアグナル通り」の一つの大きな節として「フランセスク・マシアー」という名の広場がある。その周辺は特に富裕層が住む地区として知られている。在バルセロナ日本領事館もこの近くにある。また、市の中心、カタルーニャ広場の一角には、階段を逆さにしたような奇妙な形の「フランセスク・マシアー記念碑」がある。

いずれもカタルーニャの軍人で政治家のフランセスク・マシアー（一八五九～一九三三）を記念するものである。

このようにバルセロナの大変重要なポイントにその名が冠せられているのを見てもわかるように、マシアーはとても人気の高い人物である。ではフランセスク・マシアーとは誰なのか？

カタルーニャ共和国の成立を宣言するマシアー

マシアーはスペイン軍の軍人で退役前には中佐にまで昇進していたが、政府や軍隊が無体な民衆弾圧を行っていることを公然と批判し、軍隊を辞めて政治の世界に転じた。彼は一種のカリスマであった。細身の長身にぎょろっとした目と大きすぎる口髭《くちひげ》。気取らぬ人柄から**avi**（おじいちゃん）というあだ名で幅広い層に親しまれていた。

その彼が、一九二六年、六十歳も半ばを迎えて、なんとフランス側の国境の村で義勇軍を組織し、プリモ・デ・リベラ独裁政府に対してクーデターを仕掛けたのである。蜂起に参加した兵士の数は百人足らずで、その大部分はフランス外人部隊のガリバルディ旅団に属する傭兵だった。それ自体は荒唐無稽な計画で、実効性を持たないものだった。フランスの国境警備隊にすぐさま取り押さえられてしまった。ところがこの「ドン・キホーテ」的な行為がかえって彼の純粋なカタルーニャ主義を如実に表しているとして、彼の人気をいっそう高めたのだった。

さて、前述のようにプリモ・デ・リベラの独裁制が崩壊すると、アルフォンソ十三世は独裁前の体制に復帰を試みるが、独裁を承認していた国王を支持する国民は少なく、流れは共和制に向かっていた。

一九三一年に地方選挙が行われる。カタルーニャでは、独裁制に肩入れしていた保守派カタルーニャ主義の「地方連合」に代わって、帰国したマシアーが中心になって組織されたカタルーニャ左派共和党（Esquerra Republicana de Catalunya）が勢力を伸ばしていた。結果は「地方連合」の大敗、カタルーニャ左派共和党の大勝であった。

勢いに乗ったカタルーニャ左派共和党は「カタルーニャ共和国」の成立を宣言する。「イベリア半島諸共和国連盟内の」という注釈付きではあったが。

スペイン全体でも共和派が勝利を収め、アルフォンソ十三世は海外に亡命する。そして「スペイン共和国」が宣言された。

ところが、バルセロナではすでに「カタルーニャ共和国」が宣言されている。

マドリードの中央政府は慌てた。それはそうだろう。ようやく実現した、実質的にスペイン初の共和制なのだ（第一次共和制は一八七三年に成立したが十一ヵ月しかもたなかった）。その中にもう一つ共和国ができてしまってはたまらない。

中央政府は三人の大臣を送って、カタルーニャ州政府首班（カタルーニャ共和国大統領）のフランセスク・マシアーに考え直すように説得にあたった。使者の一人、カタルーニャ人のニコラウ・ドゥルウェーは、それまで誰も思いつかなかった秀逸な解決策を提案した。カタルーニャが共和国宣言を撤回する代わりに、中世以来のカタルーニャの自治政府「ジャナラリタット」を復活させる、という提案だ。これによってスペイン共和国の危機を回避し、カタルーニャ側の面子を保つと共に、カタルーニャ自治が他の地方とは違う性格のものだということを表明することができる。

実際問題として、「カタルーニャ共和国」がうまくいくとはとうてい思えない状況があった。スペイン政府はもちろん、軍部も承知しないだろう。また、多数の労働者を支配下に置くアナキストの「労働全国連合」も賛同しまい。なぜなら彼らの理想は国境を越えて労働者が団結することであったから。第一、スペイン共和国が崩壊してしまったら元も子もないということはマシアーにもわかっていた。彼は、やむなく譲歩した。マシアーは生涯これを「わが人生最大の譲歩」と嘆いた。

第二共和制下のカタルーニャ

ワイマール憲法を模範とする共和国憲法が成立し、社会主義者を含む共和派、進歩派のスペイン政府はさまざまな改革に着手した。教会の影響力を制限し、教育を非宗教化すること、農地改革、軍隊の改変などであるが、そのどれも決め手に欠け、教会や軍、地主たちの反感を買った。おまけに、中途半端な改革は共和派やアナキストからも批判された。

カタルーニャでは、自治州の憲法にあたるカタルーニャ自治憲章が圧倒的多数の賛成をもって採択された。カタルーニャ自治政府の権限を大幅に拡大し、カタルーニャ語を唯一の公用語にする、などの内容が盛り込まれていたが、結局、国会でさんざん批判され、徹底的な改変を余儀なくされた。ただ、一応、カタルーニャ語はカスティーリャ語と並んでカタルーニャにおける公用語の地位を獲得した。(後に見る二〇一〇年ごろの状況とよく似ていることに注目していただきたい。)

スペインの中央政府が各方面から批判されて崩壊したのち、一九三三年の総選挙では右派が勝利する。そして極右の「スペイン独立右翼連合」までもが政権入りを果たす。また、この年、独裁者ミゲル・プリモ・デ・リベラの息子ホセ・アントニオが、後のフランコ独裁政権の支柱となるファシズム政党「ファランヘ党」を結成していることも注目される。

投獄されたクンパニィス大統領と閣僚たち

その後二年間に次々に実施された反動的な政策は、左派勢力に危機感を抱かせ、彼らをイデオロギーを超えた団結へと向かわせた。こうして「人民戦線」が誕生する。一方、カタルーニャでは右派政権との交渉に限界を感じた左派共和党のリュイス・クンパニィスが一九三四年、「スペイン連邦内のカタルーニャ共和国」を宣言するが、アナキストや他の左派勢力の支持を得られず、軍隊にすぐさま鎮圧されてしまう。クンパニィスら自治政府首脳は投獄された。

一九三六年四月の総選挙では人民戦線が勝利を収めるが、右派との得票差はわずかであった。政権交代によってカタルーニャでは、クンパニィスが釈放されジャナラリタット首班に返り咲いた。人民戦線政府は意欲的に改革を推し進めるが、デモが頻発したり、左派と右派の実力衝突が繰り返されたり、社会は騒然としていた。

そしてついに一九三六年七月、右派、王党派、地主層、教会などの鬱積した不満を背景に、スペイン領モロッコでフランコ将軍がクーデター宣言を行った。悲惨なスペイン内戦の勃発である。

スペイン内戦とカタルーニャ

各地でクーデター宣言に軍隊が呼応した。反乱軍は短期にスペイン全土を掌握する目論見《もくろみ》だった。軍隊が反乱を起こしたということは、共和国側に軍隊はなかったはずだから。しかし、実際にはマドリードやバルセロナなど大都会を中心に反乱は失敗した。現地の軍が反乱に同調しなかったり、労働者が蜂起を鎮圧したりしたからである。こうして国を、ときには家族をも二分する悲惨な内戦はおよそ二年半にわたって続くことになる。

内戦に勝利するためには国際的な支援が不可欠であったが、イギリス、フランスといった自由主義諸国は内戦をスペイン内部にとどめるために、また、共産主義の拡大を恐れて中立を保った。一方、全体主義国家のドイツとイタリアは反乱軍を公然と支援した。共和国を支援したのは実質的にはソ連だけであった。

バルセロナでは、アナキストが中心となって労働者が武器を取り、市街戦の結果反乱軍を鎮圧した。自治政府を主導するカタルーニャ左派共和党はしょせんはブルジョア政党であり、労働者に武器を渡すことを当初、ためらっていた。それもあって、民衆の支持を失っていき、代わってアナキストが力を持つことになった。しかし、アナキストは、突発的な戦闘に対処はできたものの、長期的な近代戦には不向きだった。アナキズムの思想が組織や上下関係を否定するものだったからである。また、このころ、バルセロナをはじめとするカタルーニャ各地では、アナキストによる教会関係者、右派支持者、資本家、地主らの「処刑」が相次ぎ、その行き過ぎは少なからず一般庶民の反感を買っていた。アナキストの中には、政治犯と共に監獄を抜け出した暴力犯も紛れ込んでいたと言われる。

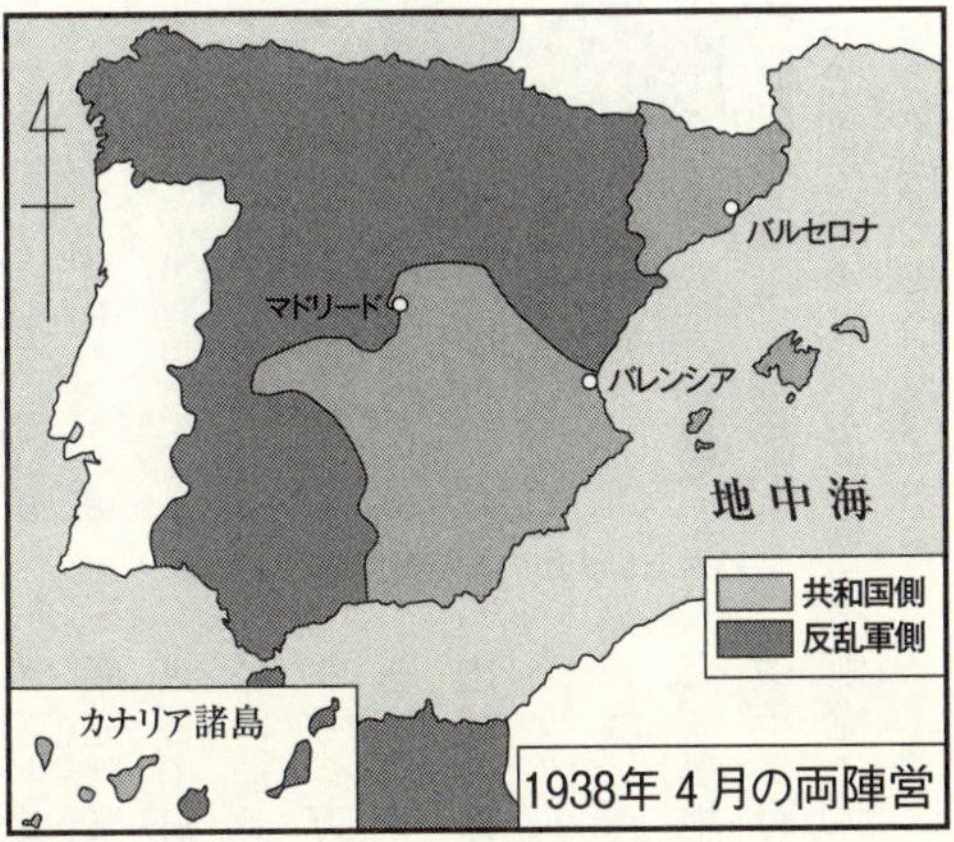

1938年4月の両陣営

共和国がソ連の支援を受けていたこともあり、やがて共産党が主導権を握るようになる。こうして共和国内部には弱体化したカタルーニャ左派共和党のほか、アナキストの「労働全国連合」、ソ連の指導下にある共産党、さらには反スターリンの社会主義勢力「マルクス主義統一労働党」（ＰＯＵＭ）が存在することとなった。共産党はまず力を合わせて内戦に勝利し、その後に革命を行うべきだと主張したが、アナキストとマルクス主義統一労働党はまず革命によって社会の改革を行い、その力で内戦に勝利すべきだという考え方だった。両者の対立は熾烈で暴力を伴うことも多かった。そしてついに一九三七年五月、両陣営が武力衝突し、内戦の中の内戦の様相を呈するにいたった。そしてこの戦いに勝った共産党がカタルーニャ自治政府の実権を握ることとなった。

ただ、この時期、カタルーニャには、理想に燃えた人が大勢いて、農地改革や工場や企業の労働者による管理など、さまざまな改革が行われたことも確かであった。このころにバルセロナにやってきてマルクス主義統一労働党に入った英国の文豪ジョージ・オーウェルの筆がその雰囲気をよく伝えている。

バルセロナ市内を行進する民兵たち

労働者階級が権力を握っている町に来たのは、ぼくにはこれが初めてだった。ほとんどすべてのビルディングが、労働者によって占拠され、その窓からは赤旗が、アナーキストの赤と黒の旗が垂れていた。（『カタロニア讃歌《さんか》』、橋口稔《はしぐちみのる》訳、筑摩叢書）

小説『ダイヤモンド広場』に見る内戦下のバルセロナの庶民の生活

カタルーニャ語現代文学の最高傑作の一つに数えられるマルセー・ルドゥレダの『ダイヤモンド広場』（拙訳、岩波文庫）に、内戦に翻弄されるバルセロナの庶民の人生が見事に描きだされている。日本でもよく読まれている小説『百年の孤独』の作者でノーベル賞も受賞しているコロンビアの作家ガブリエル・ガルシア・マルケスはこの小説を評して「『ダイヤモンド広場』は、私の意見では、内戦後にスペインで出版されたもっとも美しい小説である」と述べている。

この小説は、バルセロナの下町グラシア街に生まれ育ったクルメタ（小鳩《こばと》ちゃん）ことナタリアが結婚し、ささやかな幸せをつかみかけたときに内戦が勃発し人生を狂わされてしまう悲しくも美しい物語である。

内戦時の民兵募集ポスター

クルメタの夫キメットは家具職人。腕はいいのだが自己中心的なおっちょこちょい。バルセロナに革命的気分があふれはじめると彼もじっとしていられない。

毎日の生活は、小さな頭の痛い問題はいくつかあったけれど、こんな風に流れていた。スペインが共

イタリア軍の飛行機による爆撃の跡が残るバルセロナ市内の教会

和国になるまでは。キメットは浮かれちゃって、叫んだり、どこから引っ張り出してきたのか私にはついにわからなかった旗を振ったりしながら通りを行進している。私はまだあの日の冷たい空気を覚えている。あの空気は思い出しこそするけれど、二度と味わうことのできない空気だった。二度と。柔らかい葉っぱの匂いや花のつぼみの匂いと混ざり合った空気、逃げて行ってしまった空気、そのあとやってきたどの空気とも全然違っていたあの日の空気。その日、私の人生にスパッと傷がつけられた。あの四月とまだつぼみの花たちと一緒に、私の小さな頭痛の種は大きな頭痛の種になりはじめたから。

その後の彼と彼女の運命について興味がある方には小説を読んでいただくことにして、内戦中の共和国派の庶民と反乱軍派のブルジョアとの関係がとてもよくわかる部分も引用しておく。戦況は急速に共和国側に不利に傾いており、食糧難や爆撃、砲撃によって人々は疲れ切っていた。生活に困窮したクルメタは以前奉公していた屋敷に、再び雇ってもらえないかとお願いに行く。

私は奥様に、仕事を探しているんです、もしかするとこちらで…と言いかけたら、若旦那に聞こえたんだろう、出てきて、ここには人に頼むような仕事はない、仕事が欲しいっていう奴《やつ》はここに上がってきて見てみろ、私たちだってたくさんのものを失ったんだ、失ったものは取り戻さなきゃならん、革命派の連中なんぞ糞《くそ》くらえだ！　危険を冒す気なんて毛頭ない、貧乏人はこの家にはいらない、貧乏人とかかわりあいになるぐらいなら家が汚い方がましだ、ってまくしたてた。奥様は、落ち着きなさい、と言ってから私を見て、戦争で神経がまいっているのね、ちょっとしたことでカーっとなるんだから…でもね、節約しなきゃならないのは本当よ、（中略）それから（若旦那は）、あんたは赤だ、わかるかい？　あんたみたいな人は私たちにとっては危険なんだ、私たちにはなんの罪もないんだ、と言った。奥様が見送ってくれた。噴水のそばまで来ると、あの人はファシストになっちゃったの——あの人とは義理の息子（若旦那）のことだ——、革命派の人たちに連れまわされたあと、一度はショックを乗り越えたんだけど、あとになってどうしても納得がいかなくなって、ずっと恨みを抱えてるのね、私たちだってすごく苦しんだのよ、って言った。

内戦の終結とフランコ独裁制

国際的にソ連を除き孤立無援であった共和国は徐々に押されていった。そしてついにエブラ川の激戦を経て、一九三九年一月二十六日、バルセロナが陥落する。これが実質的な内戦の終結であった。フランコはすでに「カタルーニャ自治憲章」の廃止とカタルーニャ語の使用禁止を宣言していた。

フランコ政権による厳しい報復を恐れて北のピレネー山脈を越えて亡命した人の数は五十万人にのぼると言われる。政治家、労働組合のリーダーたち、そして知識人たち、カタルーニャ

フランコ将軍を十字軍の騎士になぞらえた絵

ピレネー山脈を越えてフランスに逃れる難民

を支えていた人々がごっそりといなくなってしまったのである。彼らの多くはフランスの難民収容所に収容され、劣悪な環境の中で命を落とす者も少なくなかった。また、そこからメキシコなど海外へ亡命する者もいた。ジャナラリタット大統領リュイス・クンパニィスもフランスに亡命していたが、ナチのゲシュタポにとらえられてスペインに送還され、バルセロナのムンジュイックの丘で処刑された。彼は銃殺されるにあたって靴も靴下も脱ぎ、カタルーニャの土を踏みながら死んでいくことを望んだという。

残った者たちの運命は、予想通り過酷なものであった。日常生活でもさまざまな不利益を被った。食料配給では差別され、まともな職にも就けない。職場でフランコ側の人間からパワハラ、セクハラを受けてもじっと耐えるしかなかった。共和国軍人の寡婦《かふ》らの中には、生活困窮のあまり売春婦に身を落とす者さえいた。

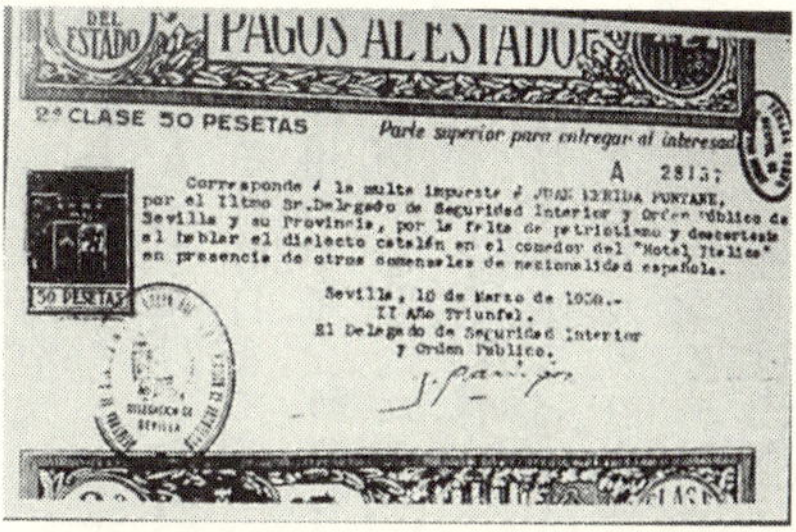
PAGOS AL ESTADO
2ª CLASE 50 PESETAS
Parte superior para entregar al interesad[illegible]
A 2813[illegible]
Corresponde á la multa impuesta á JUAN LERIDA FONTANE, por el Iltmo Sr. Delegado de Seguridad Interior y Orden Público de Sevilla y su Provincia, por la falta de patriotismo y desconsideración al hablar el dialecto catalán en el comedor del "Hotel Italia" en presencia de otros comensales de nacionalidad española.
Sevilla, 10 de Marzo de 19[illegible].-
II Año Triunfal.
El Delegado de Seguridad Interior y Orden Público.

ホテルのレストランでカタルーニャ語をしゃべったことに関する罰金支払い命令

「強い統一スペイン」を標榜《ひょうぼう》するフランコ独裁政権は徹底的な反カタルーニャ主義政策をとった。それは政治的な側面はもとより、文化的・社会的な面にもおよんだ。カタルーニャの民俗芸能や、カタルーニャ語での出版は禁止され、カタルーニャ語を公の場で使うことも禁止されてしまった。地名はすべてカスティーリャ語化された。「カタルーニャ広場」は「スペイン国軍広場」に変わり、「ディアグナル通り」は「フランシスコ・フランコ総督通り」に変わった。もっと身近な例を挙げるならば、自分の身分証明書に書かれた名前がある日を境に変わってしまうのである。昨日までジョルディと呼ばれていた人が今日はホルヘと名乗らねばならなくなる。また、商用の手紙をカタルーニャ語で書いたり、うっかり共和国時代の、カタルーニャ語で印刷された切手を貼ったりしただけで投獄されてしまったりするのである。

もっとも内戦中、カタルーニャ人が全員、共和国側についていたわけではない。フランコを支持する人々は、先ほどの「ダイヤモンド広場」の引用に出てくるお屋敷のブルジョア一家のようにバルセロナにとどまったり、反乱軍の勢力圏に「疎開」したりした。疎開者の多くが北部スペインのブルゴスに移ったので、この人々を「ブルゴスのカタルーニャ人」と呼ぶことがある。彼らは内戦後はカタルーニャに戻って来て、うまく立ち回り、カタルーニャの経済的発展に貢献した。反左翼であると同時にカタルーニャ主義者であるということもあり得たのである。

すでに取り上げたサッカーの人気チーム「バルサ」は、カタルーニャ人にとって単なるサッカー・チームを超えた「クラブ以上のクラブ」であるといわれるぐらいアイデンティティの象徴となっていた。それがフランコ政権下で生きのびることができた要因の一つは、まさに「ブルゴスのカタルーニャ人」の存在であったといえる（拙著『レアルとバルサ　怨念と確執のルーツ――スペイン・サッカー興亡史』中公新書ラクレ参照）。

戦後スペイン経済の牽引車としてのカタルーニャ

内戦終結の年に勃発した第二次世界大戦ではスペインは中立国だった。もちろん、内戦で疲れ切ったスペインにそんな余力はなかったからだ。

第二次大戦後、独裁国家であったスペインはアメリカ合衆国が推進する欧州復興のためのマーシャル・プランの恩恵にあずかることができず、しばらくは経済的に厳しい状況にあった。また新たに設立された国際連合からも排除され国際的に孤立した。この間、フランコは自給自足経済を唱え、国民の愛国心を鼓舞するとともに反体制勢力の徹底的弾圧を行って体制の強化に努めた。

しかし第二次大戦後の冷戦はスペインに有利に働いた。アメリカ合衆国の基地を受け入れることと引き換えに経済援助を受けられるようになったからである。そして一九五五年には国連への加盟を果たした。またフランコは体制の刷新にもきちんと目配りをしていた。旧式のファシズム政党ファランヘ党を政権から遠ざけ、保守的宗教団体「オプス・デイ」（小説『ダ・ヴィンチ・コード』の続編に出てくるあの秘密結社である）の高学歴テクノクラートを登用し、経済政策の近代化を図ったのである。

こうしてスペイン経済の高度成長がはじまる。「スペインの奇跡」とも呼ばれるこの成長は、戦後日本の高度成長と比せられるほどであった。その主役の一つがカタルーニャであった。まず、コスタ・ブラバ海岸を中心とするカタルーニャの観光産業。Spain is different. のキャッチフレーズのもと、ヨーロッパ各地から観光客が押し寄せた。また、外資導入によって、地理的優位性や質の高い労働者を持つカタルーニャに自動車産業が育ったことも特筆すべきであろう。こうしてバルセロナでは一九二〇年代の地下鉄建設、国際博覧会開催のときに続いて三度目の国内他地方からの移民流入がはじまっていた。七〇年代には、これらの移民の割合はカタルーニャの人口のほぼ四〇パーセントにのぼっていた。

ただ、このような急激な労働者の増大は住居、生活環境などの面で少なからず問題を生んだ。バルセロナ周辺の地区の多くは現在でも労働者のベッド・タウンだが、当時の環境は劣悪であった。また、カタルーニャ語を母語としない人口が急速に増えたことは、カタルーニャ文化にも大きな影響を与えた。たしかに「カタルーニャ性」は薄まったが、ただ、それだけではなかった。経営者・管理職＝カタルーニャ人、労働者＝カスティーリャ語を話す移民、という図式が形作られた結果、移民の間にカタルーニャ文化とその言語に対する一種のあこがれが生まれていたのである。自らも移民の子である作家パコ・カンデルは次のようなことを書いている。「私が子どものころ住んでいた移民街には、珍しく一つだけカタルーニャ人の家族が住んでいた。その家庭では、親と子、兄弟同士がカタルーニャ語で話をしていた。私たち移民の子どもたちは、いくぶん羨ましいような気持ちでそれを見ていたものだ」。

この傾向は現在でも続いており、一九八三年に行われた調査では、実に九七パーセントもの移民が、自分の子どもにカタルーニャ語を学ばせることは有益だと考えていることがわかる。また後に、その中からは急進的なカタルーニャ主義者も生まれるようになる。彼らは後述のカタルーニャ独立運動の重要な担い手となっているのである。

フランコ政権への抵抗運動

内戦直後から、フランコ体制に対する抵抗運動ははじまっていた。特に北部のバスク地方のETA（バスク祖国と自由）はテロを常套手段とし、世間を騒がせた。フランコ政権はこのような反体制運動を厳しく弾圧した。

ただ、国際社会への復帰、そして将来のEEC（欧州経済共同体。EUの前身）加入を目指す政府の政策は社会的、文化的な面ではわずかながら徐々に軟化を見せていた。たとえば一九六六年の出版法によって出版物の検閲が事前から事後になった。カタルーニャでは、カタルーニャ語の書籍を出版する「62出版社」Edicions 62が設立されたり、『カタルーニャ百科事典』*Enciclopèdia Catalana*がカタルーニャ語で刊行されたりした。子ども向けのカタルーニャ語の雑誌『馬跳び』*Cavall Fort*も創刊されている。

カタルーニャでの抵抗運動はバスクのようにテロを伴うものは少なかったが、デモは頻発し、バルセロナ大学を中心に学生運動も盛んだった。なかでも一九六六年に多くの知識人と学生たちがバルセロナのカプチン派修道院に閉じこもった示威行為はいまだに語り草となっている。

また、カタルーニャのカトリック教会の中には、フランコ政権に批判的な聖職者もいた。カタルーニャの聖地であるムンサラット修道院の修道院長アウレリ・マリア・アスカレーは一九六三年、フランスの新聞『ル・モンド』にフランコ体制を公然と批判する論文を発表し、その後亡命を余儀なくされた。

さらには、カタルーニャ語のフォーク・ソングで体制を批判する「新しい歌」(Nova Cançó)運動も盛んになった。そのメンバーの一人、リュイス・リャックのヒット曲『杭《くい》』には彼らの主張がよく表れている。

「シゼット爺《じい》さんが僕に言った／ある朝早く(……)あの杭が見えないのか？／俺たちはみんなあの杭に繋《つな》がれている／あれから解き放たれなければ／俺たちは永久に歩き出せないんだ！／もしみんなで引っ張れば、杭は倒れるさ／そんなに長くもつわけがない／きっと倒れる、倒れる、倒れる／中はすっかり腐っているに違いないんだ」

この歌は今でも中央政府に対するカタルーニャの抵抗の象徴となっており、二〇一〇年以降の独立運動でも繰り返し合唱された。またリャック自身、七十歳を目前に、独立運動の先頭に立っている。

民主主義的スペイン憲法下のカタルーニャ

一九七五年、独裁者フランコは八十二歳で病死した。ヒトラーのようなカリスマ性はなかったものの、状況を読むのがうまく、冷戦下の国際的力関係を利用して巧みに時流を泳ぎ切ったと言えよう。たしかにスペインはフランコ政権下で大きな経済発展を遂げ、なんとか先進国の仲間入りはしたが、国内の統制を保つために政権が行った残虐ともいえる反体制派弾圧の傷跡はいまだに完全には癒えていない。

リュイス・リャックが歌ったように、ストライキの頻発、テロ、新世代の聖職者の離反、厳しい反体制派弾圧への国際社会の批判……フランコ体制末期には、内部が朽ちはじめていた。それもあってフランコが死去すると、流血を見ることなくスペインは徐々に民主的国家に移行することができた。それはたしかに喜ばしいことではあったが、反面、弾圧の象徴として恐れられた「国家治安警察」(Guardia Civil) や政治犯を裁いた「治安維持裁判所」(Tribunal de Orden Público) の後継組織と見られている「全国管区裁判所」(Audiencia Nacional) といった、独裁制の残滓《ざんし》を抱えつづけることとなった。

一九七八年には民主的なスペインの現行憲法が制定された。この憲法はカタルーニャなどの州に自治を認め、住民投票により自治州の憲法にあたる自治憲章を定めることを認めている。また、言語に関しては次のような規定がある。

一、カスティーリャ語(=スペイン語)は国家の公用スペイン語である。すべてのスペイン人はこれを知る義務を負い、またこれを使用する権利を持つ。

二、スペインの他の言語もまた、自治州憲章に従い、それぞれの自治州における公用語とす

民衆の歓声にこたえるジュゼップ・タラデリャス

る。

ここにようやくカタルーニャ語は、四十年余の時を経て公用語としてのステータスを回復したのである。

カタルーニャの自治政府ジャナラリタットはそれ自体が海外に亡命していたのだが、一九七七年九月末、カタルーニャ地方に臨時自治令が公布され大統領ジュゼップ・タラデリャスが帰国した。飛行機から降りてムンジュイックの丘へと向かった長身のタラデリャスは出迎えた七万五千の人々を前に、「カタルーニャの皆さん、ただいま!」と力強く叫び歓喜の叫びで迎えられた。ただ、多くの難民が収容所で苦しい生活を強いられたり、命を落としたりしていた中で、彼ら政治的リーダーの中には、海外に避難させていた資金で比較的楽に暮らしていた者もおり、それを快く思わない人も少なからずいたことを忘れてはならない。

一九七八年の憲法によって自治権を回復したジャナラリタットであるが、その後、その行政府のもとに、内務、外務、法務、経済、文化、教育、厚生……といった、防衛を除いて、おおよそ一国の政府が持つ省(Departament)を設け、ほぼ独立の政体として着々と内容を充実させていった。多くの省は共和国時代にはじまったものだが、新しく作られたものもある。外務省は、後述する独立が視野に入った二〇一六年に創設された。また、EU内をはじめ、日本を含む海外の主要国にもさまざまな形の代表部を置いた。

怪物政治家ジョルディ・プジョル

ここで一人の政治家を取り上げたい。ジョルディ・プジョルである。

一九七七年六月、内戦後初めての民主的選挙が行われた。フランコ体制内の進歩派の政党が勝利を収め、社会労働党が第二党となった。一方、カタルーニャでは、社会党、共産党が一位、二位を占めた。そしてそれに続く票を集めたのは新しい保守中道のカタルーニャ主義政党として登場した「カタルーニャ民主連帯」(Convergència Democràtica de Catalunya)であった。党首はジョルディ・プジョルである。ついで一九八〇年に実施された初のカタルーニャ議会選挙で「カタルーニャ民主連帯」は、キリスト教民主主義の「カタルーニャ民主統合」

ジョルディ・プジョル

(Unió Democràtica de Catalunya)とともに選挙協力体「連帯と統合」(Convergència i Unió)を組んで勝利を収めた。そしてジョルディ・プジョルが(中世のジャナラリタットから数えて)第百二十六代目のカタルーニャ自治政府大統領*に就任した。

以後、ジョルディ・プジョルは実に二十三年間にわたり自治政府の大統領の任にあり、カタルーニャの自治拡大とカタルーニャ語などカタルーニャ文化の回復・発展に大きな貢献をした。

ジョルディ・プジョルは一九三〇年、カタルーニャの比較的裕福な家庭に生まれた。そしてバルセロナ大学医学部の学生のときにカタルーニャ主義者として政治に身を投じた。

彼には逮捕歴がある。一九六〇年五月十九日、カタルーニャ音楽堂ではフランコ政権の要人臨席のもと、カタルーニャの詩人生誕百年記念コンサートが行われた。ところがコンサート開演間もなく、突如、観客席の若者たちが立ち上がり、禁止されている「カタルーニャ国旗の歌」の合唱をはじめ、フランコを揶揄《やゆ》するパンフレットを配りはじめた。会場は大騒ぎとなった。プジョルはその場にはいなかったが「カタルーニャ国旗の歌事件」の首謀者の一人として逮捕され、三年間獄中で過ごした。これが彼の強固なカタルーニャ主義の原点であると言われる。

ただプジョルは熱狂的な急進的カタルーニャ主義者ではない。逆に、カトリック教的価値観を持つ保守、伝統主義者だ。彼の政党はかつての「地方連盟」同様、ブルジョア・カタルーニャ主義であったと言える。

また、国政レベルでは理想主義を捨てて柔軟な対応で臨んだ。政権与党が過半数の議席を得ることができなかった場合には、キャスティング・ボートを握る政党として存在感を示してきたのである。あるときは左派の社会労働党と、あるときは右派の国民党と共闘を組み、巧みにカタルーニャのために最良の結果を引き出した。

そのおかげもあって、彼の任期中に、カタルーニャ語のラジオやテレビの充実、カタルーニャ語による初等・中等教育の実現、カタルーニャ自治警察の創設など、カタルーニャ自治州の独自性の整備は大きく進んだ。そしてなによりも、カタルーニャ人がカタルーニャ人であることに誇りを持てるような環境を作り上げたことが彼の最大の功績であった。

ところがそんなプジョルも二〇一二年ころには独立やむなしに傾いていた。このころ私が彼にしたインタビューで次のように述べたのである。「スペインが経済危機に陥ったときも、テロ問題で政府が窮地に追い込まれたときも、あるいはEUへの加盟を目指したときも、政権与党が右派であるか左派であるかにかかわらず協力してきた。すべてスペインのためによかれと思ってやったことだ。なにか見返りを求めることはなかった。しかし、中央政府はその意図を理解しようとはせず、カタルーニャには冷淡だった。そして今度は憲法裁判所を通じて民族の誇りまで傷つけられた（詳細後述）。もはや私には独立派を押さえる理由は見いだせない」。

一般にヨーロッパでは政治家というと長身で見栄えのいい人が好まれるが、ジョルディ・プジョルはまったくこの基準を満たしていなかった。背は低く、容貌は『スターウォーズ』のヨーダを思わせる。弁舌さわやかというよりは、目をしばたたかせながら、いくぶんもどかしそうに主張を展開する。それでも長い間、多くの人に愛され、支持を得たのはカタルーニャを想《おも》う純粋さゆえであろう。

ところが、二〇一四年、プジョルに災難が襲いかかった。税務当局に申告していない海外資産があることが判明したのである。これをきっかけに、プジョル一家の脱税、資金洗浄の疑惑が浮上、同年、プジョルは政界からの引退を発表した。ただ、海外未申告資産については、プジョルの父が、政治家ジョルディ・プジョルがその主義主張のために海外に亡命せざるを得なくなったときのために確保してあったものだった。後述のように、現に独立運動のリーダーたちが海外に亡命していることを見れば、父親の行動は理解できないことではない。家族の不祥事については、たしかに妻のマルタ・ファルソラをして「私はカタルーニャと結婚した」と言わしめたほどの多忙がジョルディ・プジョルに、父親としての監督義務を怠らせたという指摘は間違っていないかもしれない。

いずれにせよ、高齢とはいえ、この怪物的政治家の引退は、カタルーニャの独立運動にとって致命的な損失となった。

カタルーニャ自治憲章と言語正常化運動

一九七八年の民主的憲法が保障するところに従い、カタルーニャでは一九七九年に自治州の憲法に相当する「自治憲章」が制定された。その第三条は次のように謳《うた》っている。「1．カタルーニャの言語はカタルーニャ語である。2．カタルーニャ語はカタルーニャの公用語である。スペイン全体の公用語もまた、カタルーニャの公用語である。3．ジャナラリタットは両言語の正常かつ公的な使用を保障する。両言語の知識を保障するために必要な措置を講じ、カタルーニャの住民が両言語に対して持つ権利と義務が平等となるような条件の整備に努める」

四十年におよぶ苦境から脱した喜びと、将来へ向けての意気込みにあふれる条文である。しかし、現実は厳しい。通りの名や、身分証明書の類はすぐにでも元に戻せる。しかし、たとえば教育はどうなのだ。少なくとも、その四十年間に教育を受けてきた人々には、カタルーニャ語の読み書きを正式に学ぶ機会は与えられなかった。たとえ家族や友人間で話しことばとして使用してきたとしても。その結果、カタルーニャ語を話すことはできても読み書きには自信がないという世代ができてしまった。言語としてはいびつな姿にカタルーニャ語はなってしまったのである。カスティーリャ語とカタルーニャ語の平等など、この時点では絵に描いた餅であった。

その餅に実体を持たせるために一九八三年に定められたのが「言語正常化法」である。言語の正常な姿と言っても、ほぼ単一言語国家に住み、自分の言語を奪われた経験のない我々にはぴんとこない。それでも学校、マスコミ、役所等々でカタルーニャ語が使えるようにすることが正常化であろうことは想像がつく。しかし、実際には正常化とは、CM、商品のラベル、ホテルやレストランの予約……果てはポルノにいたるまで、あらゆる日常的な場面でも自然にカタルーニャ語が使われるようになるということなのだ。

さまざまなレベルで地道な努力が続けられ、表のような結果が出ている。

聞いて理解できる、という受動的能力を除き、この間の二十年ほどで飛躍的に割合が伸びていることがわかる。

このようにたしかに、カタルーニャ語による教育が本来の姿を取り戻しつつある。しかし、スペインを、一つの共通の言語で結ばれた一つの民族とみなしたい勢力、たとえば二〇一一年から二〇一八年まで政権与党であった右派の国民党などから見れば、それは実に苦々しいことであるに違いない。そしてことあるごとにカタルーニャ語に攻撃が仕掛けられる。

カタルーニャ語能力調査の結果
(学齢以上の住民全体に対する割合)

	2013年	1991年
聞いて理解できる	94%	94%
話せる	80%	68%
読んで理解できる	82%	67%
書ける	60%	40%

(出所:カタルーニャ自治政府統計局)

たとえば、二〇一三年の「教育の質向上のための法律」(成立時の教育相の名をとって通称ベルト法)。スペインの中等教育の学習効果は他のEU諸国と比べて著しく悪い。表向きはこの法律は、その原因は教育の地方分権の行き過ぎが原因であるとし、それを是正することを目的としている。しかし実際には、初等・中等教育の授業言語をカタルーニャ語にすることをほぼ達成しているカタルーニャを標的にしていることは明らかである。現にベルト教育相は「我々の関心はカタルーニャの子どもたちをスペイン化することだ」という趣旨の発言を行っている。しかし、皮肉なことに、現実にはカタルーニャでは他の地区を上回る教育成果が上がっているのである。

このように正常化には、純粋にカタルーニャ語による教育の内容的充実を図るだけではなく、外部からの攻撃からカタルーニャ語を防衛する努力も含まれるのである。

バルセロナ・オリンピック

一九九二年、スペイン初のオリンピックがバルセロナで開催された。メイン・スタジアムはムンジュイックの丘にある「リュイス・クンパニィス・スタジアム」。リュイス・クンパニィスとはあの、フランコ側によって、まさにこの丘で処刑されたジャナラリタット大統領である。この名が示すように、カタルーニャにとってこのオリンピックが意味するものは大きく、そして重いものだった。

この競技場では一九三六年、「人民オリンピック」が開催される予定だった。もともとバルセロナは、この年のオリンピック開催地をベルリンと争っていたのだが、結局、敗れた。ベルリン・オリンピックはドイツ人のナショナリズムを高揚させ、対外的にナチスの力を誇示する格好の舞台となった。一方、バルセロナではそれに対抗する形で、労働者主導の民主主義を支持する「人民オリンピック」が開催されることになったのである。しかし、内戦の勃発によりその実施は不可能となった。

バルセロナ・オリンピック開会式、壇上にはスペイン国旗、バルセロナ市旗と並んで「カタルーニャ国旗」が掲げられた。カタルーニャ人のサマランク(カスティーリャ語ではサマランチ)国際オリンピック委員会会長はその前で、カタルーニャ語で「カタルーニャの人々が待ち望んでいた日がやってきました。何世代にもわたる夢が現実となったのです。今、バルセロナはオリンピック開催市となりました」とあいさつした。たしかにカタルーニャ人として、彼も感無量であっただろう。しかし、この情景を複雑な気持ちで見守ったカタルーニャ人もいたはずである。なぜなら、サマランクは、ファシストのファランヘ党の元党員で、フランコの独裁政権下で、スポーツ行政の重鎮だったからだ。ただ、彼のような「裏切り者」がうまくフランコ体制内で立ち回ったおかげでスポーツ界に限らず、社会全体のカタルーニャ性がある程度守れたという一面もあった。純粋なカタルーニャ主義者だけではとてもそうはいかなかったであろう。

いずれにせよ、オリンピックは、バルセロナを中心とするカタルーニャの内戦後の経済的、文化的復興を象徴する催し物であった。内戦終了後およそ半世紀、カタルーニャは誰もが認めるスペイン経済の牽引車になっていたのである。

一九八五年には「バルセロナお化粧直し」(Barcelona, posa't guapa.)という市の景観改善キャンペーンがはじまっていた。バルセロナはそれまで、ゴシック街やガウディの建築物などがある魅力的な都市ではあったが、多くの建物は長年の汚れで黒ずみ、港のあたりは物騒、全体的に暗いイメージだった。それがこのキャンペーンを機に見違えるようによみがえった。「バルセロナは海に背を向けて生きている」と言われていたが、ウォーターフロント建設によって港は人が集う場所となった。目ぬき通りのランブラス通り周辺に立っていた売春婦たちが一掃され、旧市街に大学が誘致されて健全な雰囲気が広がった。もちろん、フランスの作家ジャン・ジュネが『泥棒日記』に描いた、あるいは悪童ピカソが歩き回っていた、魔界のようなおどろおどろしさが消えたことを惜しむ声もあったが、何もかもを望むのは贅沢《ぜいたく》というものである。

バルセロナ・オリンピックは大成功に終わった。水泳で金メダルを取り、「今まで生きてきた中で、一番幸せです」という名台詞《せりふ》をはいた十四歳の岩崎恭子《いわさききょうこ》、マラソン銀の有森裕子《ありもりゆうこ》など、日本人にとっても印象的な大会となり、バルセロナの知名度は一挙に上がったのだった。

＊なお、「カタルーニャ（自治州）大統領」という言い方に違和感を感じた人もいるだろう。原語は **el President de la Generalitat de Catalunya** で日本のマスコミでは「カタルーニャ自治政府首相」と訳されることが多い。しかし、カタルーニャ自治政府の名称として用いられている **Generalitat** の起源はスペイン王国誕生の前、中世にさかのぼる。そして現在の **President** はその百三十一代目の長なのである。さらにはカタルーニャは現代において少な

くとも二回、短期間ながら「共和国」であった。そしてそのときにはPresidentはまぎれもなく大統領だったのである。このようなことを勘案して本書では、「大統領」という訳語を当てている。

終章　カタルーニャは独立するのか

バルセロナの巨大デモ

かくして、そのときどきにいろいろ問題はあったにせよ、おおむねカタルーニャは政治的に安定し、経済的にも順調な成長を遂げてきた。日本でも「カタルーニャ」ブランドがよく知られるようになり、行ってみたい観光地ランキングの常に上位に名前が挙がるようになった。

そんな中、二〇一四年九月十一日、バルセロナで百八十万人（地元警察発表）が参加する大規模デモが行われ、世界の注目を集めた。バルセロナの人口が約百六十万人であることを考えれば、この数のすごさがわかるだろう。彼らが求めていたのは、カタルーニャ自治州の、スペインからの独立である。スコットランドの独立の是非を問う住民投票を一週間後に控えていたこともあり、大きな話題となった。

独立を訴えるデモとはいえ、その雰囲気は決して不穏なものではなかった。杖をついて歩く老人もいれば、お腹《なか》の大きな妊婦、小さな子どもを肩車したお父さんもいる。カタルーニャの

バルセロナの巨大デモ　2014年９月11日

国旗の陰でおむつを替えたり、おっぱいを飲ませたりする母親の姿も見られた。若者たちは太鼓を叩き、ラッパを鳴らしてまるでお祭りである。警官も一応出動してはいるが、出番はほとんどない。普通の人々が穏やかに、冷静に訴える独立、そこからは過激派やプロの活動家たちが荒々しく主張する独立にはない、生活に密着した切実さが伝わってきた。

なぜ独立を求めるのか？

カタルーニャが独自の言語と文化を持つ民族だということはこれまでも繰り返し述べてきた。しかし民族が異なるというだけでは独立を求める十分な理由にはならない。なぜカタルーニャの人々は独立を求めているのか。

第一の理由は、やっと回復した民族としてのアイデンティティを再び喪失することへの反発である。

カタルーニャはスペインの民主化後、着々と自治を実質的なものとする努力を重ね、二〇〇六年にはさらなる一歩を踏み出した。カタルーニャが一つの民族であることを強調し、カタルーニャ語の習得を義務化し、ジャナラリタットの司法権や自主財政権を強化することなどを盛り込んだ「新自治憲章」案がカタルーニャ議会で承認され、スペイン国会に送られた。ところが、新自治憲章がカタルーニャを「民族（nació）」と位置づけていることを問題視する、当時野党であった、右派でフランコ独裁政権の流れを汲む国民党が猛反発し、新自治憲章は大幅な修正を強いられた。

こうして修正された新自治憲章はカタルーニャ議会で承認され、カタルーニャの住民投票でも七割を超える賛成票をもって成立した。ところが、原案から大きく後退した新自治憲章についても、国民党はまたしても、スペインの統一を乱す、という理由で憲法裁判所に提訴したのである。長い審理の末二〇一〇年、憲法裁判所は新自治憲章は十四の条項について違憲であるとの判断を示した。民族のアイデンティティに係る部分を違憲とされて、カタルーニャ人たちは当然、怒った。そして大規模デモとなったのである。

もう一つの理由

このようなナショナリズムの高まり以外に、もう一つ理由がある。それは経済的なものである。カタルーニャ自治州は、人口ではスペインの約一六パーセントを占めるにすぎないが、そのGDPはスペインの約二〇パーセントにおよぶ。工業、農業、漁業、そして特に観光業でスペイン産業界をリードする豊かな地域なのである。当然、中央政府に納める税金はほかの自治州より多く、中央から再配分される金額は納めた額より少なくなる。近代民主国家である以上、その仕組み自体に問題はない。問題は、その差額があまりに大きいことである。普通、差額の大きさには一定の限度が設けられるが、その限度が、スペインはヨーロッパ一大きいのである。カタルーニャ自治州が中央政府に納める税金と、交付金などの形で戻って来る金額との差額（マイナス額）はカタルーニャのGDPの約八〜九パーセントにのぼる。ヨーロッパの他国の、同規模の自治体と比べてみると、ドイツのラインラント・プファルツ州のマイナス二・九二パーセントがカタルーニャに次いで第二位であるので、いかに巨額の赤字であるかがわかる。また、自分たちが払った税金が、スペイン経済のかさ上げにつながるように有効に使われるならまだしも、辺鄙《へんぴ》な地方に利用者がほとんどいない道路が作られたり、経済効果の低い高速鉄道が敷かれたり、と無駄になっているケースが少なくない。逆に、近郊鉄道整備計画はマドリードでは一〇〇パーセント達成されているのに対し、バルセロナでは一〇パーセント未満なのである。これはほんの一例で、ほかにも不満の種には事欠かない。

普通の経済状態ならば、不満はそこまで表面化しなかったかもしれない。しかし、スペインはリーマンショック以降、深刻な経済危機に見舞われている。失業率は約二五パーセント、若年層では五〇パーセントにも達する。カタルーニャもその例外ではない。自分たちが稼いだ金の使い道を自分たちで決めることができたらこんなことにはならなかっただろう、とカタルーニャ人が考えても不思議はない。カタルーニャ側からなんども中央政府に改善を申し入れてきたが、政府が交渉のテーブルにつく様子さえ見られなかった。もはやスペインから独立するしかない、という思いが募るのもやむを得ないことだろう。

スペイン経済がこんなに大変で、国全体が一丸となって難局に当たるべきときに独立とはなんと自分勝手な、という批判もカタルーニャの外ではもちろんある。しかし、カタルーニャ人からすれば、今までカタルーニャの意見に耳を傾けず勝手に非効率的な経済政策を続け、ここまでスペインをダメにしてしまったのは誰だ、という反論が可能なのである。

カタルーニャの独立支持勢力

ただ、カタルーニャの圧倒的多数の人々が独立を求めているかというと必ずしもそうではない。二〇一八年十二月に『ARA』紙が行ったアンケート調査で「今、住民投票が行われたとしたら、独立に賛成の票を投じますか」という問いにイエスと答えた人は、四七・七パーセントだった。これはだいたいカタルーニャ自治州全体の現実を反映していると言える。

また、独立支持派の政党間にも微妙な温度差が存在する。

独立運動をリードしているのは、二〇一〇年当時カタルーニャの政権与党だった「連帯と統合」（後にカタルーニャ・ヨーロッパ民主党〔PDeCAT〕に改組）と「カタルーニャ左派共和党」である。

「連帯と統合」は、もともと、ブルジョアジーを支持基盤とする保守的な地方主義政党であった。スペインからの独立には消極的で、スペイン国家の底上げに協力することを通じて、カタルーニャに最大の利益をもたらすことを目指してきた。しかし、当時の大統領（第百二十九代）アルトゥール・マス率いる「連帯と統合」は、二〇一二年ころには盛り上がる独立運動に及び腰であったものの、世論の後押しもあって、独立支持派に転じた。

一方、「左派共和党」は、十九世紀末のカタルーニャの産業化の中で生じた労働・社会問題の解決のために結党された左派政党である。もともと、ブルジョア政党である「連帯と統合」とは水と油なのである。また、「左派共和党」は一九三〇年代に二度、数日間という短命ながら「カタルーニャ共和国大統領」を出した自党の歴史に誇りを持っている。

それ以外に、反資本主義を掲げる独立急進派の「人民統一候補党」Candidatura d'Unitat Popular（CUP）もいる。

これだけ立場が違う諸勢力が団結して一つのベクトルを形成することがいかに難しいか想像にかたくない。

二〇一四年十一月九日の「住民投票」

前述のような温度差はあったものの、カタルーニャ自治州の議会は二〇一四年九月十九日に「住民の意見調査に関する法律」を可決し、独立の是非を問う住民投票を十一月九日に行うことを発表した。これに対しスペイン政府（与党「国民党」、マリアノ・ラホイ首相）は、この動きは違憲だ、とすぐさま憲法裁判所に提訴し、憲法裁判所は法律の効力停止を命じた。

このため、カタルーニャ自治州大統領マスは結局、法律的に問題がないと思われる「住民の意向調査」、つまりアンケート的投票を行うこととした。ただ、その結果次第では、独立を公約として州議会選挙に臨み、勝利の暁には中央政府と交渉を行うとも明言した。

ところがしばらくして、信じがたいことに中央政府はこの「調査」についても違憲であると憲法裁判所に申し立て、十一月四日、二度目の停止命令が出された。カタルーニャ自治政府が音頭を取って、独立に関する意向を調査するということ自体に違憲の疑いがあるというのだ。さすがにこの申し立ての妥当性を疑問視する声が国際的にも上がった。スコットランド独立に関する英国政府の「大人の対応」が直前にあったために、スペイン政府の頑《かたく》なな非民主主義的態度が強調されたのだった。

ともあれ、こうして十一月九日、中央政府による目立った妨害もなく、「住民の意向調査」は行われた。

投票場の雰囲気は大変和やかであった。ボランティアも、長い列を作った有権者たちも、終始笑顔で、お互いに「ありがとう」ということばを交わしていたのが印象的だった。八十六歳の老婦人が感極まってボランティアと抱き合って涙を流すという場面もあった。普通の選挙にはない切実な思いがそこにはあった。

主催者側が当初目標としていた「投票者」数は約二百万人。結果は、予想をかなり上回る約二百三十万人だった。そして八割以上の人がカタルーニャが独立した国家になることを望んでいる、と答えた。

マス大統領はこの参加者数を高く評価し、「調査は大成功だった」とした。一方、マドリードは、「投票」は単なる政治的プロパガンダでなんの意味もない、とその重要性を否定することに躍起になった。

この投票結果をどう評価するかは難しい。二百三十万人の八割という数字は重い。しかし、「投票率」は有権者の約三割である。しかも、正式の住民投票ではなかった。独立支持派の中にも、この数字をすぐさま独立運動推進のお墨付きだと考えてはならないという慎重論は少なからずあった。

また、「投票」の成功ではずみはついたものの、その後のプログラムについて独立派各勢力の足並みがそろわないという問題も生じていた。「カタルーニャ左派共和党」らが即時解散総選挙および一方的な独立宣言を主張するのに対し、マス率いる与党「連帯と統合」はそれに難色を示していて隔たりは大きかった。

ここで中央政府は、なんとも理解に苦しむ一手を打った。マスとその側近を不服従、公金の不適切な使用などの罪で訴追することを決定したのである。おそらく、与党国民党内の強硬派から、なぜ「調査」を実力で阻止しなかったのかという突き上げにあったのであろう。いずれにせよ、この訴追はカタルーニャの独立運動をさらに活気づける結果になってしまった。ある九十歳の老女が「マス大統領を逮捕するなら、代わりに私を逮捕してくれ」と言ったことが新聞で報道され、喝采を浴びたことにもそれはよく表れている。

振り返ってみれば、このとき、中央政府による独立問題の「司法化」がはじまったといえる。つまり、独立というすぐれて政治的な問題を話し合いで政治的に解決するのではなく、法律によって裁こうという姿勢である。そもそも独立を許容するような憲法を持つ国はほとんどないのだから、およそ独立運動というものは違法である。当然、この姿勢はいたずらに問題を複雑化、長期化することになった。その後も続く失政の第一歩である。

二〇一五年九月二十七日のカタルーニャ議会選挙――独立運動の停滞を乗り越えて

カタルーニャ側としては「住民投票」の結果を受けて、独立の機運を高めていかねばならない局面であった。しかし、相変わらず独立支持勢力の足並みはそろっていなかった。

簡単に言ってしまえば、独立派の二大勢力、与党「連帯と統合」（独立反対派離脱後「カタルーニャ民主連帯」）と「左派共和党」の主導権争いである。

支持者の間には、「またか」という失望感が広がった。そして独立運動の停滞が顕著になり、各方面からの両党の政治的駆け引きに対する批判が高まったころにようやく両党の間で選挙協力体制が組まれた。

こうして実施された二〇一五年九月二十七日、独立の是非を争点にカタルーニャ議会選挙が行われた。

独立支持派は僅差ながら過半数の議席を獲得した。注目すべきは、二〇〇六年にカタルーニャで結成された新しい政党「市民党」(Ciudadanos)が野党第一党となったことである。汚職まみれの「国民党」を嫌ってはいるが、カタルーニャ独立には反対という右派の有権者の受け皿となっている。そもそも独立反対、反カタルーニャ・ナショナリズム以外にこれといったイデオロギーもない極右に近いポピュリズム政党である。

こうして独立支持派が過半数を占めた新しいカタルーニャ議会は、二〇一五年十一月九日、スペインからの独立とカタルーニャ共和国建設へ向けてのプロセスを開始するという議決を行った。当然のことながら中央政府は憲法裁判所に提訴し、憲法裁判所は即刻この議決に停止命令を出した。

新しいカタルーニャ自治州大統領の選出は、前述のような「民主連帯」と「人民統一候補党」との対立もあり難航した。長い交渉の結果、期限ぎりぎりの二〇一六年一月十日、「民主連帯」のカルラス・プッチダモンが議会の指名を受け、十二日に第百三十代カタルーニャ大統領に就任した。もともとジャーナリストで、カタルーニャ政界の中心での活動歴の乏しかったプッチダモンが選出されたのは、誠実そうでスキャンダルと無縁であったことが主な理由で、その政治的手腕が買われたわけではなかった。この妥協的選択が後の独立運動に大きな影を落とすことになった。

二〇一六年十月六日、カタルーニャ議会は二〇一七年秋に「法的効力のある住民投票」を行うことを決議した。この議決にも十二月に憲法裁判所から停止命令が出ている。

そもそもなぜ住民投票が必要かというと、二〇一五年のカタルーニャ議会選挙で一応、独立支持派が過半数の議席を獲得したものの、得票率では五割に達しなかったためである。住民投票で過半数の独立賛成票が集められれば、独立プロセスが正当化される、という理屈だ。

血に染められた住民投票

二〇一七年六月九日、プッチダモン大統領は、同年十月一日に独立の是非を問う法的効力のある住民投票を行うと発表した。問われるのは「カタルーニャが共和国として独立国家となることを望みますか？」ということ。ラホイ政権は、これもまた違憲であるとして断固阻止を表明。今回は実際に、実施予定日が近づくと、七千人規模の国家治安警察などをカタルーニャに派遣し、投票所の閉鎖、投票箱や投票用紙の没収などに当たらせた。しかし、住民は投票所に泊まり込んだり投票箱を隠した

10月1日の住民投票のポスター「生まれながら持っている決定権を放棄するんですか？」

りして抵抗した。

そしていよいよ十月一日、投票日当日、私も現地に入り、市内数ヵ所の投票所を回ってみた。小雨が降る中、老若男女が静かに列をつくり投票の順番を待っていた。カタルーニャ自治警察はいるものの、特に混乱は見られなかった。

何人かに話を聞いてみた。「いよいよ独立だ」と意気込むお年寄り。「少し怖かったけど思い切って来た」という若い女性。「独立には反対だが、投票する権利は大事」と私のカタルーニャ語の問いにカスティーリャ語で答える若者もいた。

いったん宿に帰ってテレビをつけてみて驚いた。ただ整然と並んでいる人々に、完全武装した治安警察が襲いかかっている。

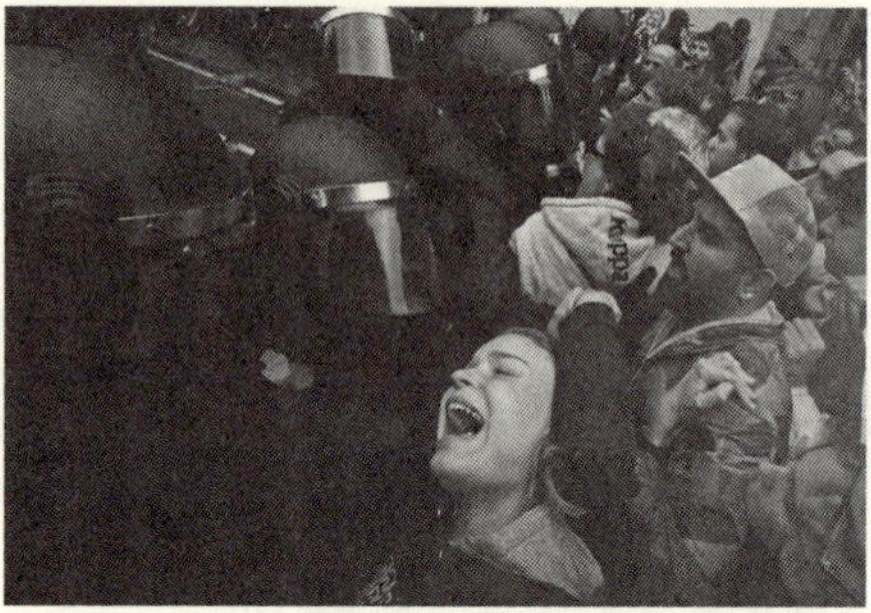

住民投票の弾圧　2017年10月１日

警棒で殴る、蹴る、押し倒す、果てはゴム弾に催涙ガスである。頭から血を流す高齢の女性、半裸で階段を引きずり降ろされる女性……無抵抗の人々になぜ？　理解できなかった。

結局、現地紙の報道などによるとおよそ千人の負傷者が出た。これらの映像は世界中に配信され、非難の声が上がった。

投票の結果は、投票率約四四パーセント、独立賛成票が九〇パーセントを超えた。四四パーセントは低すぎるという見方もできるかもしれない。しかし、弾圧の恐怖に負けずに投票に行った人が四四パーセントもいたとも言える。現に、弾圧がなかった地方では投票率は軒並み七〇パーセントを超えていたのである。ラホイ政権は「投票は違法な上、基本的な形式的要件さえ満たしておらず、とうてい正式な住民投票とは認められない」と否定したものの、要件を満たせなかった原因を誰がつくったのかを考えると、その非難もむなしく響く。

このころから、カタルーニャに本社を置いていた企業が、独立に関連する混乱を嫌ってカタルーニャ外に移る動きを見せはじめた。中央政府は独立運動によってカタルーニャ経済が壊滅的打撃を受けた、というネガティブ・キャンペーンを行っているが、二〇一九年時点で振り返ってみると、実際にそれほどの影響は出ていない。ある調査機関によると、二〇一七年度のカタルーニャの産業指数や観光客数はむしろ前年度を上回っているのである。

カタルーニャの「独立宣言」

そして迎えた十月十日のカタルーニャ議会。はたしてプッチダモン大統領が住民投票の結果によって独立宣言をするか否かが注目された。大統領は「私は民衆の、カタルーニャが独立国家になって欲しいという委託を受け止める」という微妙な言い回しをし、しかも「ただし、独立を数週間棚上げして、交渉の可能性を探る」と付け加えたのだった。つまり、内外の仲介を模索し、改めて中央政府と交渉に臨みたいということである。

しかし、ラホイ首相は「民主的な法律と、反乱・違法行為との間に仲介はあり得ない」と、

プッチダモン大統領と閣僚たち

最初からこれを拒否する姿勢を明確にした。さらにラホイ首相は明確な独立宣言があれば、憲法第百五十五条を適用して、カタルーニャの自治権を停止すると断言した。「法律」、「違法行為」と、カタルーニャの独立運動をあくまで法律問題として処理しようとする姿勢がここにもはっきりと表れている。また、プッチダモンが仲介役として期待していたEU各国にそのような動きはなかった。域内の少数民族の独立運動が活発化し、混乱が広がることを懸念したものと思われる。

カタルーニャ議会は十月二十七日、独立反対派が退場した後、住民投票の結果を尊重し、カタルーニャが共和国として独立国家を形成することを議決した。議決後、カタルーニャ国歌「収穫人たち」の合唱が自然発生的に起こり、日本時間二十二時二十九分に閉会した。かくしてカタルーニャ自治政府は独立の手続きに入ることとなった。

その直後、ラホイ政権はついに憲法第百五十五条を発動して、プッチダモン大統領および閣僚、諸機関の長を解任、またカタルーニャ議会を解散し、十二月二十一日にあらためてカタルーニャ議会選挙を行うことを命じた。

大統領、国外へ

プッチダモン大統領は、このまま中央政府の介入が進めば、自らが逮捕、投獄される恐れがあり、そうなれば独立手続きを続けられず、内外への訴えかけもできないと判断し、十月三十日、閣僚ら数名と共にブリュッセルに脱出した。

そして案の定、十一月二日、ジュンケラス副大統領以下、カタルーニャに残った閣僚たちはマドリードの裁判所に出頭を命じられそのまま勾留された。

中央政府の命令で行われることになった十二月二十一日の選挙をどうとらえるか、ということは独立派にとって難しい問題だった。つまり、選挙に参加するということは、カタルーニャがまだスペインの一部であるということを認めることになってしまうし、参加しなければその後の展望は開けないのである。結局は、選挙を自分たちの主張を公にする手段と割り切り、独立支持各派は選挙に臨むこととなった。

亡命中のプッチダモン　ベルギーにて、2019年5月7日

選挙の焦点は、中央政府の暴力的弾圧、カタルーニャ自治政府の一方的独立宣言、プッチダモン大統領の国外脱出、副大統領らの投獄、独立運動のカタルーニャ経済への影響、などが票にどのように反映されるか、ということだった。

キム・トーラ大統領　2019年3月16日

二〇一七年十二月二十一日のカタルーニャ議会選挙

こうして実施されたカタルーニャ議会選挙の投票率は約八〇パーセントと極めて高かった。中央政府は弾圧の効果で独立支持派が過半数を割ることを期待していたのだが、そうはならず、独立支持派は再び過半数の議席を占めることになった。ただ、反独立の急先鋒《きゅうせんぽう》の右翼政党「市民党」も一党の議席としては最多数を獲得した。このことは、カタルーニャ社会の亀裂の深刻さを示すものとして注目される。

独立派のリーダーたちが国外に亡命していたり、獄中にあったりしたため、大統領選出は難航したが、キム・トーラが第百三十一代カタルーニャ大統領に就任した。トーラは、政治家としての経歴は比較的浅い。誠実な人柄で知られるが、誠実さゆえに独立反対派に対する姿勢が攻撃的になりすぎることがある。五割程度しかいない独立支持派をなんとか増やさねばならない、というカタルーニャの現状に鑑みると、はたして適任かどうか懸念を示す向きもないではない。

いずれにせよキム・トーラの就任によって、カタルーニャの自治権を停止する憲法第百五十五条の適用は解除された。

裁判

二〇一七年以来、劣悪な条件の獄中にあったカタルーニャ独立運動のリーダーたちの裁判は二〇一九年二月十二日にスペイン最高裁判所ではじまった。

この訴訟および裁判はさまざまな意味で異例であり、スペイン内外から多くの批判が寄せられた。

まず、二〇一八年三月七日、国際連合人権高等弁務官事務所が、住民投票後に予防拘禁され、一年以上獄中にある独立運動のリーダーたちに関して、「予防拘禁はやむを得ない場合のための最終的手段と考えられるべきである」と述べた。

十一月二十一日には、百二十人のスペインの法律専門家たちが、住民投票やデモ、ゼネストは反乱罪の構成要件である暴力行為を伴うものではなかった、という見方を公表した。

さらに二〇一九年二月十二日、英国の『インディペンデント』紙は、独立派リーダーたちに対する訴訟は「基本的人権の侵害」であり、独立派のリーダーたちの裁判は「明らかに政治的な裁判」であると断定した。

すでに二〇一八年六月、汚職を理由に国民党政権に対する不信任案が国会で可決され、スペイン中央政府の与党は左派の社会労働党になっている。前政権下ではトップ会談は不可能であったが、サンチェス新首相とトーラ自治州大統領の間で会談が行われ、解決策の模索がはじまっている。ただし、左派とはいえ、社会労働党は独立に強く反対しており、解決の見通しはまったく立っていない。

そんな中、二〇一九年十月十四日、スペイン最高裁の判決が下った。「騒乱罪」などの罪で九年から十三年の禁固刑が申し渡された。検察や極右政党Ｖｏｘが求めていた「反乱罪」（禁固最高三十年）は適用されなかったが、それでも厳罰であることに変わりはない。彼らが、できる限り民主的手続きを踏み、非暴力的運動で独立を求めてきたことを考えると、この判決を不服とする民衆がカタルーニャ各地で大規模な抗議デモを行ったことも理解できる。

カタルーニャは独立できるのか

歴史の行方は、しばしば資質のあるリーダーの有無に左右されることがある。

二〇一〇年以降の独立運動において、カタルーニャにとっての不幸は、かつてのジョルディ・プジョルのような大局観のある政治家がいなかったことである。亡命中および刑が確定した独立派のリーダーたちはいずれも誠実なのだが、強力なリーダーシップには欠ける。

その交渉相手たるべき中央政府のマリアノ・ラホイ元首相、ソラヤ・サエンス・デ・サンタマリア元副首相がそろって国粋主義的、権威主義的で柔軟性に欠ける政治家であったこともカタルーニャにとっては災いした。彼らはカタルーニャを説得するのではなく、法律を楯に力ずくで組み伏せる道を選んだのである。

その結果、独立問題はこじれにこじれてしまった。一番問題なのは潜在的にあった社会的分裂が顕在化してしまったことである。これまでも独立支持派と反対派はいた。ただ、それを表に出さずに共棲《きょうせい》してきた。それが今回の一連の過程で、双方が自らの態度をはっきりさせることを迫られることになってしまった。バルセロナの家々のベランダにはカタルーニャの旗が下がっているところとスペインの国旗が下がっているところが見られるようになった。カタルーニャの独立を支持する旗を持った人が反対派に襲われたという話も少なからず聞く。

当面、解決の道が見いだせない以上、この現状を受け入れるしかないわけだが、今後の見通しはあまり明るいとは言えない。

あとがき

一九七八年、私はスペインのバルセロナにいた。自分の意志ではない。当時勤めていた銀行が、研修生として私をこの地に派遣したのである。大学までに曲がりなりにも学んだ語学は英語とフランス語。まさかスペインに来ようとは夢にも思っていなかった。しかし、日本の企業では、転勤命令に逆らうことなど最初から予想されてはいない。辞令が出てから一ヵ月後には、有無を言わさずロンドン経由スペイン行きの飛行機に乗ることとなった。

なぜバルセロナだったのか。マドリードにはすでに銀行の駐在員事務所があり、また、日本企業の出店が少なからずあって、日本人との接触が避けられないからである。つまり、それは、私が早くスペイン語を習得できるようにという「親心」だったのである。かくして、私はスペイン語をほとんど一言も解さぬ状態で、バルセロナに放り出された。

そのときの失敗談や苦労話には事欠かぬが、それを披露するのがこの「あとがき」の目的ではない。ただ、人は、給料をもらいながら語学学校に通い、そして、一年後にはその外国語で商売ができるようになっていなければならないという具体的かつ絶対的な目標を与えられると、意外に早く外国語をものにできるものだということがわかった、とだけ言っておくことにする。

バルセロナに住み、スペイン語を勉強しながら、どうも周囲の様子がただごとではないと感じはじめたのはいつごろからだったろうか。

なにしろ最初は、初めての外国生活であることと、スペイン語がまったくわからないことから、すべてが新奇であり、その中で「自然な新奇さ」と「不自然な新奇さ」を区別することなど思いもよらなかったのである。

三ヵ月、六ヵ月と時日が経過し、それなりにスペイン語が身についてくると、たしかに私の周囲には「不自然な新奇さ」があるということを確信できるようになってきた。

端的に言うならば、まず、けっこうスペイン語が読めるようになっているはずなのに、街には私が理解できない文や表示が少なからずある。

「出口」はスペイン語では salida のはずなのに、sortida などと書いてある。「——通り」は calle であるはずなのに街路表示は carrer となっている。しかも calle（通り）は女性名詞であると習ったのに、carrer は男性名詞扱いになっている。

また、スペイン語の日常会話にはそう不自由しなくなってきているのに、バスの中などで隣の人たちの話がまったく理解できないことが多々ある。

「おはよう」とは、当然、Buenos días. ではないか。それを Bon dia. などとひどく音を節約して済ませてしまうおじさんやおばさんがいる。

そればかりではない。語学学校で、先生同士が休み時間に私の理解できない「外国語」で話していることさえあるのである。さっきまで廊下で意味不明なことばを話していた先生が、教室に入って来たとたん、わかりやすいスペイン語を話し出すのである。私はネイティブの先生にスペイン語を習っているはずではなかったのか。

これはおかしい、この社会には、スペイン語以外のことばが存在する。そうでなくてはこの状況は説明がつかない。ここは二枚舌社会なのだ！（スペイン語などでは「言語」と「舌」は同じ単語である。）

もちろん、これは、何一つ予備知識も持たずにスペイン社会に飛び込んだ人間の無知によるものである。

スペイン語が少しはできるようになり、それとともに耳や目から入ってくる情報量が増えてくるにつれて、バルセロナはカタルーニャという「地方」にあり、カタルーニャには特殊な現実があるのだということが少しずつわかってきた。

そもそも、バルセロナあるいは、バルセロナを州都とするカタルーニャの人々の言語はスペイン語ではないのだ。

彼らのことばはカタルーニャ語と呼ばれることばだ。スペイン語とはかなり近い関係にある。しかしその方言というわけではない。古代、このあたり一帯はローマ帝国の支配下にあった。域内の共通語はローマの言語、ラテン語であった。それがやがて地域ごとに別々の発展を遂げ、フランス語、スペイン語、ポルトガル語等々のいわゆるロマンス諸語となった。カタルーニャ語もその一つである。

カタルーニャ語をラテン語の方言であるということはできるかもしれない。しかし、スペイン語の方言では断じてないのである。スペイン語やフランス語とは、ラテン語という同じ母から生まれた姉妹なのだ。れっきとした独立した言語なのである。

なぜカタルーニャではカスティーリャ語(スペイン語)とカタルーニャ語が話されているのかということについては、すでに本書で述べたとおりである。


ことばや歴史や習慣を共有する民族 nation が、近代的な国家 state によって分断されている例は、ヨーロッパでは珍しくもない。人々は、国境、州境といった線引きを現実として受け入れてはいるが、自分のアイデンティティの基盤は政治的な国家ではなく、民族固有の文化にあるのだという感覚は根強い。カタルーニャの人々もこの点、同様である。

バルセロナ滞在も一年になろうとしていたころ、ある象徴的な光景を目撃した。バルセロナのプラット空港からロンドン行きの飛行機に乗ろうとしていた私は、カウンターで出国管理カードか何かの書類を書いていた。隣では、びっくりするほどの美人がやはり同じ書類に記入している。別に盗み見るつもりもなかったのだが、やはり気になる。彼女の書類に目が行ってしまった。すると国籍 nacionalidad/nationality の欄に、意外に子どもっぽい字で「カタルーニャ人」と書いてある。

これには私も驚いて、思わず彼女の顔を見てしまった。彼女もこちらを見て、私の驚きの理由に気づいたのかどうかはわからぬが、大きめの口でニコッと笑って行ってしまった。

Nationalityということばの語源はラテン語のnato（生まれる）である。したがって、本来は、自分が属している政治的単位「国家」ではなく、自分が生まれついた「民族、文化」を指すはずである。こう考えれば、彼女の反応は正しい。

ただし、彼女とて「nationalityは？」と聞かれて、普通は「スペイン」と答えるべきことぐらいは知っていただろう。その行動は、意識的なアイデンティティの主張であったはずである。


いわば運命の気まぐれによって出会うことになったカタルーニャは、その後の私の人生を完全に変えてしまった。

それは単に、スペイン語という新しい言語を学ぶことによって、私が新たに語学に目覚めたというだけのことではない。カタルーニャの複雑な現実、人々のカタルーニャ語に対する愛着、そして自らのアイデンティティへの徹底的なこだわり等々に直接触れることによって「ことばと人間」、「ことばと文化」、「ことばと社会」という、一生をかけて探求するに足るテーマに巡りあったということなのである。もちろん、カタルーニャの風土や豊かな文化、そしてなによりもカタルーニャ人の「国民性」が私の性に合ったということも大きな要因なのだが。

そして、およそ二十年を経て、私はこの本で、そのカタルーニャの歴史について自分のことばで語ることになった。

最後になってしまったが、刊行にあたりお世話になった法政大学同僚の度会好一《わたらいこういち》氏にこの場を借りてお礼申し上げたい。

増補版へのあとがき

現在に近くなればなるほど、歴史を「物語」として語ることが難しくなる。わかっている事実が多く、想像やフィクションを紛れ込ませる余地が少ないからである。「物語」になじんだ読者には増補部分は少し物足りなかったかもしれない。

もう一つ言えるのは、現代について書くときには、どうしても著者の立場が目立つということだ。とくに、カタルーニャの独立についての部分では、私がずいぶんカタルーニャびいきで、カタルーニャの独立を応援しているようにさえ見えるかもしれない。しかしそうではない。

日本のメディアが報道するカタルーニャ独立問題の情報は、ほとんどがマドリードに本社を持つスペインのメディアが出所である。なぜなら、日本のマスコミはスペイン程度の重要度の国には常駐のジャーナリストを置かないからだ。スペインの大メディアは、カタルーニャの独立には冷淡である。それは、保守派政党べったりの右派メディアだけではない。『エル・パイス』紙のような左派で、ふだんは正確な報道で知られるメディアも同じだ。要するに、カタルーニャ以外でカタルーニャ、とくにその独立は不人気なのだ。そういう読者や視聴者の気分がメディアに反映されるのはやむを得ないことなのだろう。したがって、それに頼っている日本のメディアの報道も同じトーンになる。

私にはカタルーニャ人の友人がたくさんいて、その多くは独立支持派である。彼らの日常生活をよく見ているし、不満や希望を頻繁に見聞きするので、彼らの心情はとてもよく理解できる。ただ、それと独立を支持する、ということとは別である。独立運動の弾圧によって辛い目にあうのも、仮に独立した場合にさまざまな不利益をこうむるのも、あるいはこの上ない幸福感にひたるのも、彼らであって私ではない。私はあくまで観察者として中立的な立場で情報を伝えるだけだ。私が書いているものがカタルーニャ寄りに見えるとすれば、それは読者が中立的だと思っていた既存の情報が実は反対方向に偏っていたからだと思う。

そのような姿勢に理解を示してくれる日本のメディアもある。たとえば、二〇一七年十二月、本書でも取り上げた、住民投票の弾圧後初のカタルーニャ議会選挙が行われ、日本からも少なからずメディアが現地入りした。もちろん、その情報源はマドリードのメディアが中心である。その中でＴＢＳの「報道特集」は、これまで説明してきた状況に懸念を抱き、できるだけ中立的な報道をしたいということで、私を協力者に起用してくれた。オンエアされたのは十分程度のレポートだったが、それまでにない角度からカタルーニャの実態を伝えるものだったと思う。

本にはテレビほど感覚に直接訴えかけるインパクトはないかもしれない。しかし、この増補版が約二十年を経て刊行されることをみてもわかるように、持続力はある。その意味でも大変意味深い増補だと思う。

増補する価値はあった、と一人でも多くの読者に思っていただけることを心から願う。

バルセロナ伯、カタルーニャ・アラゴン連合王国国王系図

ギフレー1世「毛むくじゃら伯」（878-897. 以下在位年）

ギフレー2世ブレイ（897-911）　スニェ（897-946）

ブレイ2世（946-992）　ミロ（946-966）

ラモン・ブレイ（992-1017）

バランゲー・ラモン1世（1017-35）

ラモン・バランゲー1世（1035-76）

ラモン・バランゲー2世（1076-82）　バランゲー・ラモン2世（1076-97）

ラモン・バランゲー3世（1097-1131）

ラモン・バランゲー4世（1131-62）

アルフォンス1世（1162-96）（初代カタルーニャ・アラゴン連合王国国王）

ペラ1世「カトリック王」（1196-1213）

ジャウマ1世「征服王」（1213-76）

ペラ2世（1276-85）

アルフォンス2世（1285-91）　ジャウマ2世（1291-1327）

アルフォンス3世（1327-36）

ペラ3世「儀典王」（1336-87）

ジュアン1世「狩人王」（1387-96）

マルティー1世「人情王」（1396-1410）

（バルセロナ伯家断絶　1412「カスプの妥協」）

ファラン1世（フェルナンド）（1412-16）（トラスタマラ家）

カタルーニャ史・西洋史・日本史比較対照年表

カタルーニャ		イベリア・西洋		日本	
七一三	このころイスラム教徒、カタルーニャ侵入（-七二〇）	七一一	イスラム教徒、イベリア半島侵入	七一〇	都を平城京に遷す
		七三二	トゥール・ポワティエの戦い		
		七七八	ロンセスバリェスの戦いでシャルルマーニュ敗れる	七九四	都を平安京に遷す
八七八	ギフレー一世即位。中央カタルーニャの再征服				
八七九	リポイ修道院創設			八九四	遣唐使廃止
八九七	ギフレー一世死去				
九四六	ブレイ二世即位	九六二	神聖ローマ帝国成立	九三五	平将門の乱（-九四〇）
九八八	ブレイ、フランクとの封建関係解消。カ	九八七	ユーグ・カペー、フ		

	タルーニャの建国		ランス王となる		
一〇〇八	ウリバ、リポイ修道院長に			一〇〇七	このころ『源氏物語』成立
一〇一七	ウリバ、ビック司教に				
	バランゲー・ラモン一世即位				
一〇二七	第一回「神の平和と休戦」会議	一〇三一	後ウマイヤ朝滅亡	一〇一六	藤原道長、摂政に
一〇三五	ラモン・バランゲー一世即位	一〇五四	ローマ公教会とギリシャ正教会の分裂		
		一〇六六	ノルマン・コンクェスト		
		一〇九四	エル・シッドのバレンシア征服（-九九）	一〇八六	白河上皇、院政開始
一〇九七	ラモン・バランゲー三世即位	一〇九六	第一回十字軍（-九九）		
一一一二	ラモン・バランゲー三世、プロバンスのドルサと結婚	一一一八	聖ヨハネ騎士団創設		
一一一四	第一回マリョルカ遠征	一一一九	テンプル騎士団創設		
一一三一	ラモン・バランゲー四世即位				
一一三七	アラゴン王女パルネリャと結婚。連合王国成立	一一四七	第二回十字軍（-四九）	一一五六	保元の乱

一一四八	トゥルトザ再征服
一一六二	アルフォンス一世即位
一一九六	ペラ一世即位
一二一三	ミュレの戦い。ペラ一世戦死。ジャウマ一世即位
一二一八	カタルーニャ議会成立

一一八九	第三回十字軍（-九二）
一二〇二	第四回十字軍（-〇四）。コンスタンティノープル占領（〇四）
一二〇九	カタリ派討伐の十字軍（アルビジョワ十字軍）
一二一二	ラス・ナバス・デ・トロサの戦い。キリスト教徒軍の大勝利
一二一四	ブバーヌの戦い。フランス、英・独・フランドル連合軍を破る
一二一五	マグナ・カルタ
一二一七	第五回十字軍（-二一）

一一六七	平清盛、太政大臣に
一一九二	源頼朝、鎌倉幕府を開く

一二二九	マリョルカ再征服
一二三二	バレンシア再征服（-三八） このころラモン・リュイ誕生
一二五八	コルベイユ条約
一二六五	バルセロナ「百人議会」創設
一二七六	ジャウマ一世死去。マリョルカ王国分離 ペラ二世即位
一二八二	シチリア征服
一二八三	ペラ二世の破門
一二八五	カタルーニャ討伐十字軍 アルフォンス二世即位
一二九一	ブリオノラス条約。ジャウマ二世即位
一二九五	アナニ条約。シチリアの放棄
一三〇二	アルモガバルスのコンスタンティノープル遠征（-一一）
一三一一	アテネ公国、ネオパトリア公国建国

一二二八	第六回十字軍（-二九）
一二三六	レオン・カスティーリャ王フェルナンド三世、コルドバ再征服
一二四八	第七回十字軍（-五四） セビーリャ再征服
一二七〇	第八回(最終)十字軍
一二七一	マルコ・ポーロ、東方旅行（-九五）
一二八二	シチリアの晩鐘
一二九〇	英、ユダヤ人の追放
一三〇六	仏、ユダヤ人の追放

一二二一	承久の乱
一二七四	文永の役
一二八一	弘安の役

カタルーニャ史・西洋史・日本史比較対照年表

一三一六	ラモン・リュイ死去
一三一九	ネオパトリア公国成立
一三二三	サルデーニャ征服（-二四）
一三二七	アルフォンス三世即位
一三三三	飢饉による人口減少
一三三六	ペラ三世即位
一三四四	マリョルカ王国の連合王国への編入
一三四七	飢饉
一三四八	ペスト流行
一三五六	ペラとペラの戦い（-六九）
一三六二	ペスト流行、飢饉
一三八〇	アテネ、ネオパトリア両公国の連合王国への編入
一三八七	ジュアン一世即位

一三一二	テンプル騎士団解散
一三二〇	このころダンテ『神曲』完成
一三三九	英仏、百年戦争（-一四五三）
一三四九	ヨーロッパでペスト大流行
一三五三	ボッカチオ『デカメロン』完成
一三五八	仏、ジャクリーの乱
一三六九	カスティーリャ王国にトラスタマラ朝
一三七八	教会大分裂
一三八一	英、ワット・タイラ

一三三三	後醍醐天皇、建武の新政
一三三六	南北朝時代始まる
一三三八	足利尊氏、室町幕府を開く

			ーの一揆		
一三八八	アテネ、ネオパトリアの喪失（-九一）				
一三九一	農村、都市での社会的混乱。ユダヤ人街の襲撃	一三九一	イベリア、ユダヤ人の迫害激化		
一三九六	マルティーノ一世即位			一三九七	足利義満、金閣寺造営
一四〇九	シチリアを連合王国に編入	一四〇九	ピサ宗教会議		
一四一〇	空位時代（-一二）				
一四一二	カスプの妥協。ファラン一世即位。連合王国にトラスタマラ朝				
一四一六	アルフォンス四世即位	一四一七	コンスタンツ宗教会議。大分裂の解決		
一四四〇	経済、社会的危機深刻化（-四五）	一四二九	メディチ家、フィレンツェで隆盛 仏のジャンヌ・ダルク、英を破る	一四二八	正長の土一揆
一四四二	ナポリ征服				
一四四八	ラメンサ農民組合結成				
一四四九	ブスカとビガの対立（-五三）	一四五三	百年戦争終結 オスマン・トルコ、コンスタンティノー		

カタルーニャ史		西洋史		日本史	
			プル占領		
一四五八	ナポリ、シチリア、連合王国から離脱。ジュアン二世即位	一四五五	英、バラ戦争（-八五）		
一四六〇	ビアナ王子カルラスの逮捕				
一四六二	内乱（-七二）				
一四六九	カスティーリャ王国イサベル王女とアラゴン皇太子フェルナンド結婚			一四六七	応仁の乱（-七七）
一四七九	アラゴン、フェルナンド二世即位（スペインの統一）	一四七四	カスティーリャ、イサベル一世即位		
一四八二	ラメンサ農民の反乱（-八六）				
一四八六	カタルーニャに異端審問所 グアダルーペの裁定			一四八五	山城国一揆（-九三）
一四九〇	『ティラン・ロ・ブラン』刊行	一四九二	グラナダ陥落 スペイン、ユダヤ人の追放 コロンブス、アメリカ到達		

	スペイン・カタルーニャ		その他のヨーロッパ		日本
一五一六	カルロス一世即位	一五五五	アウグスブルクの宗教和議	一五四三	鉄砲伝来
一五一九	カルロス一世、神聖ローマ皇帝に選出（カール五世）	一五七一	レパントの海戦	一五四九	フランシスコ・ザビエル、キリスト教を伝える
一五八八	スペイン無敵艦隊、イギリスに敗北				
一六〇九	オランダ独立			一六〇三	徳川家康、江戸幕府を開く
一六一八	三十年戦争（-四八）				
一六四〇	収穫人戦争はじまる（-五二）	一六四二	清教徒革命（-四九）	一六二四	スペイン船渡航禁止
一六五九	ピレネー条約、北カタルーニャ割譲			一六四一	鎖国の完成
一六六八	ポルトガル独立	一六八八	名誉革命（-八九）		
一七〇一	スペイン継承戦争（-一四）				
一七一四	バルセロナ陥落				
一七一六	新国家基本法（ブルボン王朝によるカタルーニャ支配の指針）				
一七三七	バルセロナに初のプリント木綿地工場。カタルーニャの産業化のはじまり	一七七五	アメリカ独立戦争（-八三）	一七八七	寛政改革（-九三）
一七七八	アメリカ貿易の自由化	一七八九	フランス革命		
一八〇八	ナポレオンに対する反乱（-一四）	一八〇四	ナポレオン、皇帝に		

一八二三	「聖王ルイの十万の息子たち」スペイン侵入		即位（-一四、一五）		
		一八二四	ボリバル、アヤクーチョの戦いでスペイン軍を撃破。ほとんどのスペイン領アメリカの独立		
一八三三	アリバウ、「祖国」発表 第一次カルリスタ戦争（-三九）（伝統主義と自由主義の対立激化）				
一八四八	バルセロナ－マタロー間にスペイン初の鉄道敷設	一八四八	フランス二月革命	一八五八	日米修好通商条約締結
一八五四	バルセロナで初のゼネスト				
一八六八	進歩派によるクーデター「名誉革命」。イサベル二世、フランス亡命	一八六一	イタリア王国成立	一八六八	明治維新
一八七〇	バルセロナで初の全国労働者大会	一八七〇	普仏戦争（-七一）		
一八七三	第一共和制（-七四）				
一八七四	王政復古				
一八八八	バルセロナ万国博覧会 社会主義者の労働組合結成			一八八九	大日本帝国憲法発布
一八九八	米西戦争			一八九四	日清戦争（-九五）
一九〇九	スペイン領モロッコで反乱（モロッコ戦争）。徴兵の不満などがきっかけでバル			一九〇四	日露戦争（-〇五）

	セロナで暴動（「悲劇の一週間」）
一九一四	カタルーニャ自治連合結成
一九一八	アンダルシアで農民暴動、カタルーニャ自治運動激化
一九二〇	バルセロナでテロ頻発
一九二三	バルセロナでゼネスト プリモ・デ・リベラ将軍によるクーデター。軍事独裁政権の成立
一九三〇	プリモ・デ・リベラ辞任
一九三一	スペイン第二共和制の成立
一九三六	フランコによる反乱。スペイン内戦はじまる（〜三九）
一九三九	フランコ、バルセロナ制圧
一九七五	フランコ没。フアン・カルロス一世即位
一九七七	亡命中だったカタルーニャ大統領ジュゼップ・タラデリャス帰国

一九一四	第一次世界大戦開戦（〜一八）
一九二二	ムッソリーニ、政権を奪取
一九二九	「暗黒の木曜日」、世界恐慌はじまる
一九三三	ヒトラー内閣成立
一九三九	第二次世界大戦開戦
一九四五	ドイツ降伏
一九六七	EC成立

一九三一	満州事変勃発
一九四五	日本降伏。第二次世界大戦終結

	スペイン・カタルーニャ
一九七八	民主的スペイン憲法制定
一九七九	カタルーニャ自治州憲章制定
一九八三	「言語正常化法」制定
一九八六	EC加盟
一九九二	バルセロナ・オリンピック
二〇〇六	カタルーニャの新自治憲章制定
二〇一〇	スペイン憲法裁判所、カタルーニャの新自治憲章に一部違憲の判断
二〇一四	9・11 「カタルーニャ国民の日」。バルセロナで一八〇万人規模の巨大デモ 11・9 独立の是非に関する「住民アンケート」実施
二〇一五	9・27 カタルーニャ議会選挙。独立支持派が過半数の議席を得る 11・9 カタルーニャ議会、スペインからの独立とカタルーニャ共和国建設へ向けてのプロセスの開始を議決
二〇一六	1・10 カルラス・プッチダモンが第一三〇代カタルーニャ大統領に就任
二〇一七	10・1 独立の是非を問う「住民投票」実施。スペイン政府による武力弾圧 10・27 カタルーニャ議会、カタルーニャが共和国として独立国家を形成することを議決 スペイン政府、憲法第一五五条を適用してカタルーニャの自治権を停止 10・30 プッチダモン大統領ら国外脱出

二〇一七	11・2	ジュンケラス副大統領以下、国内に残った閣僚たちが警察に勾留される
	12・21	カタルーニャ議会出直し選挙。ふたたび独立支持派が過半数の議席を得る
二〇一八	5・17	キム・トーラが第一三一代カタルーニャ大統領に就任
二〇一九	2・12	独立支持派のリーダーたちの裁判がスペイン最高裁判所ではじまる
	10・14	スペイン最高裁判所の判決。「騒乱罪」(sedición)などの罪で最高一三年の禁固刑。バルセロナほかカタルーニャ各地で大規模な抗議デモ。

図版出典一覧

214ページ　Maria Teresa Ocaña, *Picasso i els 4cats*, Museu Picasso, Lunwerg Editores. S. A., 1995
218ページ下、248ページ　*Història de Catalunya*, Grup Promotor, 1992
272ページ　カタルーニャ自治州政府webサイトより
260ページ、273ページ、274ページ　ロイター/アフロ
270ページ　AP/アフロ

田澤 耕（たざわ・こう）

1953年（昭和28年），横浜市に生まれる．一橋大学社会学部卒業．バルセロナ大学大学院カタルーニャ語専攻博士課程修了．博士（カタルーニャ語学）．法政大学名誉教授．カタルーニャ語作家協会名誉会員．専攻，カタルーニャ語，カタルーニャ文化．

著書『カタルーニャ語辞典』（大学書林），『〈辞書屋〉列伝』（中公新書），『ガウディ伝』（中公新書），『レアルとバルサ 怨念と確執のルーツ』（中公新書ラクレ），『カタルーニャを知る事典』（平凡社新書），*Catalunya i un japones*（La Campana, Barcelona），*Dietari d'un japonès: entre el terratrèmol, el tsunami i la fuita radioactiva*（Lapislàtzluli, Barcelona）ほか

訳書『バルセロナ――ある地中海都市の歴史』（新潮社），『バルセロナ・ストーリーズ』（水声社），『引き船道』（共訳，現代企画室），『ティラン・ロ・ブラン』（岩波文庫），『ダイヤモンド広場』（岩波文庫）ほか

物語《ものがたり》 カタルーニャの歴史《れきし》

中公新書 *1564*

2000年12月20日初版
2018年5月25日5版
2019年12月25日増補版初版
2020年1月30日増補版再版

著者 田澤 耕
発行者 松田陽三

本文印刷 三晃印刷
カバー印刷 大熊整美堂
製本 小泉製本

発行所 中央公論新社
〒100-8152
東京都千代田区大手町1-7-1
電話 販売 03-5299-1730
編集 03-5299-1830
URL http://www.chuko.co.jp/

Published by CHUOKORON-SHINSHA, INC.
Printed in Japan ISBN978-4-12-191564-1 C1222

中公新書

世界史

e2

2050 新・現代歴史学の名著 樺山紘一編著
2223 世界史の叡智 本村凌二
2253 禁欲のヨーロッパ 佐藤彰一
2409 贖罪のヨーロッパ 佐藤彰一
2467 剣と清貧のヨーロッパ 佐藤彰一
2516 宣教のヨーロッパ 佐藤彰一
2567 歴史探究のヨーロッパ 佐藤彰一
1045 物語 イタリアの歴史 藤沢道郎
1771 物語 イタリアの歴史Ⅱ 藤沢道郎
2508 語る貨幣がローマ帝国史 比佐篤
2413 ガリバルディ 藤澤房俊
2152 物語 近現代ギリシャの歴史 村田奈々子
2440 バルカン―「ヨーロッパの火薬庫」の歴史 M・マゾワー 井上廣美訳
1635 物語 スペインの歴史 岩根圀和
1750 物語 スペインの歴史 人物篇 岩根圀和

1564 物語 カタルーニャの歴史（増補版） 田澤耕
1963 物語 フランス革命 安達正勝
2286 マリー・アントワネット 安達正勝
2466 ナポレオン時代 A・ホーン 大久保庸子訳
2529 ナポレオン四代 野村啓介
2027 物語 ストラスブールの歴史 内田日出海
2318 2319 物語 イギリスの歴史（上下） 君塚直隆
2167 イギリス帝国の歴史 秋田茂
1916 ヴィクトリア女王 君塚直隆
1215 物語 アイルランドの歴史 波多野裕造
1420 物語 ドイツの歴史 阿部謹也
2304 ビスマルク 飯田洋介
2490 ヴィルヘルム2世 竹中亨
2546 物語 オーストリアの歴史 山之内克子
2434 物語 オランダの歴史 桜田美津夫
2279 物語 ベルギーの歴史 松尾秀哉
1838 物語 チェコの歴史 薩摩秀登

2445 物語 ポーランドの歴史 渡辺克義
1131 物語 北欧の歴史 武田龍夫
2456 物語 フィンランドの歴史 石野裕子
1758 物語 バルト三国の歴史 志摩園子
1655 物語 ウクライナの歴史 黒川祐次
1042 物語 アメリカの歴史 猿谷要
2209 アメリカ黒人の歴史 上杉忍
1437 物語 ラテン・アメリカの歴史 増田義郎
1935 物語 メキシコの歴史 大垣貴志郎
1547 物語 オーストラリアの歴史 竹田いさみ
2545 物語 ナイジェリアの歴史 島田周平
1644 ハワイの歴史と文化 矢口祐人
2561 キリスト教と死 指昭博
2442 海賊の世界史 桃井治郎
518 刑吏の社会史 阿部謹也
2451 トラクターの世界史 藤原辰史
2368 第一次世界大戦史 飯倉章